FABBRI
EDITORI

AZZURRA RINALDI

COME CHIEDERE L'AUMENTO

STRATEGIE E PRATICHE PER DARTI IL GIUSTO VALORE

FABBRI
EDITORI

Pubblicato per

FABBRI EDITORI

da Mondadori Libri S.p.A.

Pubblicato in accordo con Elastica s.r.l., Bologna

ISBN 978-88-915-9656-7

Progetto grafico di collana: Andrea *drBestia* Cavallini
Realizzazione editoriale: Chiara Giusti
Redazione: La Matita Rossa

Prima edizione Fabbri Editori: maggio 2024

COME CHIEDERE L'AUMENTO

Alle sorelle di ogni tempo

Nota dell'autrice

In questo libro ho deciso di utilizzare il femminile sovraesteso. Non stupirti dunque leggendo sempre e solo nomi declinati al femminile: lavoratrice, capa, libera professionista, figlia, studentessa, collaboratrice. Non perché voglia rivolgermi solo alle donne o perché stia parlando solo di loro, ma per provare a ribaltare la prospettiva e la grammatica a cui siamo abituate, che vuole si usi sempre il maschile sia quando si indicano individui generici sia quando ci si riferisce a gruppi di persone di cui fanno parte donne e uomini insieme. Usare il femminile sovraesteso è quindi una precisa scelta politica, per abituare le lettrici (maschi compresi) a un punto di vista diverso.

Se non contratti, non sei la sola

Le donne non contrattano. E raramente parlano di denaro. È un fenomeno mondiale, anche se si declina diversamente, e che, purtroppo, fa sì che spesso fatichino ad attribuire il giusto valore al lavoro che svolgono, alle proprie competenze e alle capacità ed esperienze che hanno accumulato nel corso degli anni.

Ma lo sapevi che in alcuni Paesi, tra cui l'Italia, anche gli uomini non parlano di soldi?

LE SIGNORE NON PARLANO DI SOLDI

Le signore non parlano di soldi. Quando ho scritto il libro precedente, che ha questo titolo, in prossimità dell'uscita ho pubblicato la notizia sui miei canali social. In risposta ho ricevuto tanto entusiasmo, molta curiosità, ma anche diversi commenti di questo tenore: «Ma per fortuna che qualcuna lo dice: che volgarità queste donne che parlano di soldi!».

Ecco, vorrei che avessi visto la mia espressione in quel momento. Ero completamente attonita.

Da un lato, perché queste osservazioni provenivano da persone che seguivano qualcuna (me) che si presenta al mondo come un'economista femminista. Dico: una che si autodefinisce «economista femminista» può mai pensare che le donne non dovrebbero parlare di denaro?! Mi stupiva il fatto che non avessero assolutamente colto l'ironia del titolo che, al contrario, era proprio un invito, un auspicio perché le donne iniziassero a parlare di soldi.

Dall'altro lato, io lavoro con i numeri e per me questi commenti costituivano un dato. Li ho trovati incredibilmente rivelatori: per qualcuna, ancora oggi, è del tutto normale pensare che una donna che parla di denaro non sia adeguata, che non risponda ai canoni, insomma che stia occupando uno spazio che non è il suo (e su questo torneremo più volte perché, a ben vedere, sono moltissimi gli spazi che non vengono ritenuti «da donne»).

In uno studio di Fidelity Investment che ha coinvolto oltre 1500 donne lavoratrici o in pensione, 8 su 10 hanno affermato di evitare conversazioni riguardanti il denaro perfino con la parentela e le amiche più care. Ma non è che il tema non interessi, eh! Perché l'83% delle intervistate ha confessato che avrebbe tanto desiderato avere più informazioni circa il proprio denaro: su come usarlo, cosa farne e su come gestirlo al meglio. Tuttavia «Non si fa», «Non sta bene», «È volgare». E tant'è.

I risultati contenuti in questo studio, a dire il vero, forniscono una buona rappresentazione di quello che le donne vivono tutti i giorni: un profondo disagio nel parlare di denaro, quasi un fastidio. I soldi, così come il potere, sono qualcosa con cui non siamo solite avere a che fare. I soldi, il potere, ma anche il desiderio. Cioè, tutto quello che può farci sentire protagoniste delle nostre vite. Perché, perfino nelle nostre vite, siamo abituate a essere solo delle comparse e a cercare di non dare troppo fastidio, di non fare troppo rumore. Veniamo cresciute così. Nella maggior parte dei casi ci insegnano a stare composte, a non arrampicarci sugli alberi, a essere carine e silenziose. Insomma, sempre e comunque a prendere poco spazio (o, preferibilmente, a non prenderne affatto).

E molte di noi, soprattutto quando sono più giovani, fanno del proprio meglio per adeguarsi a queste aspettative. Cerchiamo di essere le brave bambine che ci viene richiesto di essere. Cerchiamo di fare quello che ci si aspetta da noi.

Anche in ambito finanziario. Infatti, non parliamo di soldi. Neppure con le persone a noi più vicine.

Quando chiedo alle donne: «Perché non parli di denaro con le tue amiche?», mi rispondono che è un argomento troppo intimo. Ma se stai leggendo questo libro e sei una donna sai bene quanto me che, spesso, tra amiche, condividiamo dettagli anche molto, molto intimi. Il problema vero, quindi, non sta lì. Sta (anche) nel fatto che quando parliamo di denaro siamo consapevoli di fare qualcosa che, nella cultura patriarcale, da noi proprio non ci si aspetta (ed ecco qua: ho usato la parola patriarcato già a pagina 9!).

Alcuni studi infatti evidenziano che i metodi e il linguaggio stesso della contrattazione non sarebbero coerenti con i canoni di cortesia che vengono insegnati agli individui che hanno scarso potere, come le donne. In pratica, ci educano a essere troppo gentili e silenziose e per questo nelle negoziazioni non ci troviamo a nostro agio.

Altre ricerche dimostrano che le differenze di genere nella propensione ad avviare negoziazioni possono essere spiegate con il diverso trattamento riservato alle donne quando tentano di negoziare, soprattutto quando a valutare le candidate sono degli uomini (le donne, invece, guarda un po' sono imparziali). Le donne, nella società patriarcale (ovvero, nella società *tout court*, perché non esiste società che non sia patriarcale) vengono costantemente sminuite e rimesse al loro posto. Detto in altri termini, le donne che contrattano (e che parlano di soldi) sono oggetto di riprovazione sociale, vengono giudicate peggio rispetto agli uomini che lo fanno. Quindi, se ti senti nervosa al solo pensiero di iniziare una negoziazione, sappi che non sei la sola: molte donne provano un senso di agitazione nel negoziare (per un compenso più alto o anche per una promozione) perché intuiscono - correttamente - che stanno per mettersi in una situazione in cui rischieranno ben più degli uomini la riprovazione sociale.

I PREGIUDIZI DI GENERE

Quando parliamo di aspettative di genere (quali sono i comportamenti e gli atteggiamenti giusti per un uomo? E quali quelli per una donna?) parliamo anche di pregiudizi.

Secondo la Treccani i pregiudizi sono opinioni basate su «convinzioni personali e prevenzioni generali, senza una conoscenza diretta dei fatti, delle persone, delle cose». Quindi qualcosa di cui siamo convinti pur non avendo acquisito sufficienti informazioni e che spesso è totalmente scollegata dalla realtà.

Gli stereotipi permeano le nostre azioni e, ancor prima, i nostri pensieri e le nostre convinzioni. Abbiamo la sensazione che ci aiutino perché semplificano la realtà. Peccato, però, che la realtà sia complessa. E, quando semplifichiamo troppo, finiamo col non comprenderla.

Che cosa sono, dunque, i pregiudizi o gli stereotipi di genere, i cosiddetti *gender bias*? Utilizziamo la definizione che si trova sul Cambridge Dictionary: «*Unfair difference in the way women and men are treated*», ovvero «Differenze ingiuste nel modo in cui donne e uomini sono trattati». Ancora, secondo l'Istituto europeo per l'uguaglianza di genere (Eige), possono essere definiti come: «*Prejudiced actions or thoughts based on the gender-based perception that women are not equal to men in rights and dignity*», cioè «Azioni o pensieri pregiudizievoli basati sulla percezione fondata sulla distinzione di genere secondo cui le donne non sono uguali agli uomini per diritti e dignità».

Il problema è che gli esseri umani vivono, volenti o nolenti, sotto lo sguardo (spesso giudicante) delle altre persone. E, in parte, ne sono forgiati.

Facciamo un esempio. Ci sono molte ricerche che si occupano dello stereotipo, piuttosto diffuso, in base al quale gli uomini sarebbero più adatti a fare gli ingegneri.

Quali sono le conseguenze? Se si ritiene che gli uomini siano più portati per fare gli ingegneri, le donne saranno sempre poco inclini a scegliere questa professione, magari rinunciando anche a seguire la propria vocazione, a prescindere dal fatto che questa convinzione sia o meno aderente alla realtà. Infatti, in Italia le ingegnere sono solo il 17% del totale (e non siamo nemmeno messe male: negli Stati Uniti sono il 15%).

Ecco perché gli stereotipi di genere sono così pericolosi, soprattutto per le donne. Salvo rarissime e trascurabili eccezioni, infatti, la tendenza degli stereotipi di genere è di attribuire un valore sociale più elevato all'uomo rispetto a quello che si attribuisce alla donna. Ecco perché alcune di noi dedicano la propria vita a contrastarli.

Sin dal 1939, le ricerche dimostrano che, dagli otto anni in poi, i ragazzi iniziano ad avere una opinione negativa delle ragazze e che questa svalorizzazione peggiora con l'aumentare dell'età. Le ragazze, al contrario, hanno sui ragazzi opinioni positive, che si rafforzano man mano che crescono.

Gli studi che confermano questa tendenza sono moltissimi, ma mi piace citarvene uno in particolare. Nel 1959, i sociologi John P. McKee ed Alex C. Sherriffs hanno preso in esame le convinzioni di giovani donne e giovani uomini che frequentavano il college. Come? Hanno chiesto loro di indicare tre caratteristiche degli uomini in generale e delle donne in generale, scegliendo da un elenco predefinito.

Una volta raccolti i risultati, hanno rilevato che:

- Le caratteristiche stereotipate associate agli uomini sono più favorevoli rispetto a quelle associate alle donne.
- In particolare, sono gli uomini a scegliere le caratteristiche migliori, quando si tratta di definire la categoria generale degli uomini.
- Le donne al contrario (ma, chissà perché, non sorprendentemente) tendono a sottolineare soprattutto caratteristiche negative, quando devono riferirsi alla propria categoria.
- Anzi, i giudizi negativi che le donne attribuiscono alla propria categoria spesso sono persino peggiori rispetto a quelli che gli uomini esprimono sulle donne.

In una ricerca di qualche anno dopo, effettuata nel 1968 sempre su studentesse e studenti del college, gli psicologi Paul Rosenkrantz e Susan Vogel sono giunti a risultati molto simili:

- Tutte e tutti concordano sulle differenze che ci sono tra donne e uomini.
- I due gruppi di donne e uomini convergono sulle caratteristiche predominanti.
- Le caratteristiche attribuite per stereotipo ai maschi vengono giudicate come strutturalmente migliori e più importanti rispetto a quelle associate alle donne sia dai maschi sia dalle femmine.

Ma ora che sappiamo tutto questo, ha ancora senso, nel 2024, parlare di *gender bias*? Non li abbiamo ormai superati?

Vorrei confortarti e dirti che abbiamo risolto tutto e che le donne hanno ormai le stesse possibilità degli uomini (come fanno alcuni leoni da tastiera sui social). Ma pare proprio di no.

Il Programma delle Nazioni Unite per lo sviluppo (Undp) ha pubblicato nel 2023 un report il cui titolo è *Gender Social Norms Index* (Indice delle norme sociali di genere), che fotografa quanto ancora i pregiudizi ostacolino l'uguaglianza di genere. Lo studio parte da un presupposto importante: tutte le persone convivono con le norme sociali, ovvero con i principi che regolamentano l'atteggiamento degli individui all'interno della società. Ecco, molte di queste norme sociali si basano su pregiudizi di genere e in qualche modo li incorporano. Il che concretamente significa che, alla base del comportamento di tutte noi, c'è una sottovalutazione strutturale delle capacità e dei diritti delle donne. Insomma, i *gender bias* sono un impedimento importante al raggiungimento dell'equità di genere e dell'*empowerment* delle donne nel mondo, perché riducono al minimo le loro possibilità di scelta e le loro opportunità e fissano limiti precisi a ciò che ci si aspetta che loro siano e facciano.

Il *Gender Social Norms Index* è una ricerca davvero significativa, perché copre l'85% della popolazione globale e i risultati che presenta sono agghiaccianti. L'indice esamina quattro aree tematiche: politica, istruzione, economia, integrità fisica.

Partirei da un dato su tutti: circa l'87% delle donne e il 90% degli uomini a livello globale ha pregiudizi contro le donne (che poi, a me viene un dubbio: chi invece risponde di non avere pregiudizi di genere davvero non li ha, oppure non ne è neppure consapevole?). Altro numero: solo il 27% della popolazione mondiale crede che alla base della democrazia ci sia il fatto che le donne abbiano gli stessi diritti degli uomini (cioè, ribaltando il concetto: per il 73% delle persone nel mondo, la parità di diritti tra uomini e donne non è indispensabile alla democrazia). Ancora: il 43% pensa che gli uomini sappiano fare business meglio delle donne. E finirei con questo: il 46% delle persone ritiene che gli uomini abbiano maggiore diritto al lavoro rispetto alle donne. Il pregiudizio dei pregiudizi, perché il patriarcato basa su questa argomentazione una gran parte dei propri stereotipi.

In una società patriarcale, infatti, il maschio viene definito in base al suo lavoro: quanto guadagna, di cosa si occupa, quale auto o casa è in grado di acquistare. E questi parametri non sono utilizzati solo per misurare la sua capacità di stare al mondo, ma anche, in qualche modo, la sua virilità. L'uomo che guadagna bene, il «buon partito», ha maggiori probabilità di essere scelto. Anzi, ha più potere contrattuale per poter scegliere una donna di suo gradimento, quella che meglio rispecchia le sue aspettative (e quelle del patriarcato). Quasi sicuramente quella più giovane, magra, sorridente, graziosa e silenziosa. Giusto per non allontanarci troppo dallo stereotipo.

Per le donne, invece, il lavoro viene percepito come meno necessario. Potremmo dire quasi come un accessorio. E questo è vero in generale: secondo l'Inps nel 2022 gli uomini rappresentano il 57,2% del totale del personale dipendente del settore privato. Differenza occupazionale a cui si aggiunge quella, ancora più marcata, di salario: le lavoratrici nel settore privato guadagnano in media circa 8000 euro in meno (7922 per la precisione) dei colleghi maschi. La retribuzione annua lorda media di questi ultimi è infatti arrivata a 26.227 euro, contro i 18.305 euro guadagnati in un anno dalle donne.

Ma la disparità tra uomini e donne nel mondo del lavoro è particolarmente evidente nel momento in cui queste diventano madri. La maternità, le aspettative e i pregiudizi a essa legati pesano infatti come macigni nelle «scelte» lavorative delle donne (uso il virgolettato perché, in moltissimi casi, non possiamo parlare di scelte vere e proprie).

Motherly, un sito statunitense specializzato in temi legati alla maternità, ha effettuato una ricerca su circa 10.000 madri americane. I dati sono stati raccolti nel 2023 e ci aiutano a comprendere bene come agiscano i pregiudizi. Iniziamo con il primo: nel 2023, le donne intervistate che hanno lasciato il lavoro per prendersi cura della prole e della casa sono state il 25% del totale. Nel 2022, erano il 15%. Sono aumentate del 10% in un solo anno.

Questo dato sarebbe di per sé sufficiente per affermare che la maternità rappresenta ancora un momento delicatissimo nell'esistenza di una donna: quando diventa madre, la sua vita cambia profondamente. Al contrario, la vita degli uomini, in moltissimi casi, rimane più o meno la stessa (questo perlomeno è accaduto sinora: nei nuovi padri mi pare di intravedere con piacere una tendenza diversa, un maggiore desiderio di prendersi cura delle proprie figlie, ma dovremo aspettare ancora qualche anno per poter disporre di dati consolidati al riguardo).

Nella ricerca di Motherly emerge poi un tema che accomuna le donne statunitensi a quelle italiane: i costi delle strutture per l'infanzia sono ancora troppo elevati. Questo è un problema, tanto è vero che viene identificato come un fattore prioritario nella scelta di lasciare il lavoro per il 52% delle madri intervistate.

Quindi, ecco come la maternità impatta sulle donne: quelle che non lavoravano smettono anche solo di pensarci, a un lavoro; quelle che erano lanciate in un percorso di carriera si arrestano; e molte, anche se prima della maternità lavoravano serenamente e avevano la loro routine quotidiana, piegate non solo dalle aspettative sociali ma anche dalla concreta assenza di servizi a sostegno delle famiglie, si licenziano. Tutto ciò ha effetti di lungo termine. Le lavoratrici che si dimettono a seguito della maternità – come del resto quelle che prendono il part-time – spesso hanno il desiderio e la convinzione di poter tornare a un impiego a tempo pieno una volta superata la fase più acuta dell'accudimento. Ma la verità è che il nostro è un mercato del lavoro rigido, che difficilmente consente loro di rientrare (o tante volte di tornare a tempo pieno). E purtroppo queste decisioni spesso hanno effetti sul lungo periodo (a cui magari in una fase iniziale non si era pensato).

Insomma, la vita delle madri cambia drammaticamente e si ritrovano in una quotidianità che non era la loro e che spesso le lascia sopraffatte. Anche su questo abbiamo dati: il 62% delle donne intervistate dichiara di avere a disposizione meno di un'ora al giorno per se stessa, il 49% proprio a causa della maternità si sente in *burnout*, cioè in preda a un esaurimento psico-fisico, e il 46% è in terapia da una psicologa o da uno psicologo.

MA... I PADRI?

E i padri dove sono, in tutto questo? Te lo stai chiedendo? Be', me lo chiedo spesso anch'io. Probabilmente, lo fanno anche alcuni di loro.

Soprattutto i padri più giovani sembrano infatti alla ricerca di un nuovo equilibrio. Stanno provando a liberarsi dei canoni tossici di mascolinità che li svirilizzano non appena si immedesimano nel ruolo di genitore. Avete notato in Italia come chiamiamo un uomo che, banalmente, si occupa delle proprie figlie? «Mammo»!

E non è un caso, eh! È la cultura patriarcale che lo rimette a posto, che gli fa capire immediatamente che sta occupando uno spazio che non gli compete. Perché il vero maschio non si prende cura della prole. Il vero maschio non sta nelle chat dei genitori dei compagni di scuola. Perché lui lavora, ha da fare e il suo tempo è sacro.

Ma, appunto, qualcosa sta cambiando. Gli uomini più giovani (anche se non tutti) sembrano meno succubi ai canoni del patriarcato. Molti di loro sono stati cresciuti diversamente e rifiutano queste dinamiche malate di potere, anche all'interno della coppia. Tra genitori, in molti casi non c'è neppure più bisogno di discuterne: la cura si condivide, che sia della casa o di figlie e figli.

E a dimostrazione di questo ti riporto dei dati. Secondo lo statunitense *Institute for Family Studies* (Ifs – Istituto per gli studi sulla famiglia), i padri americani non sono mai stati così coinvolti nelle vite delle loro figlie. Pare che nel 2023 abbiano speso in media 7,8 ore a settimana prendendosene cura, con un incremento di un'ora settimanale faticosamente conseguito in vent'anni. Ancora un altro dato: la consapevolezza del ruolo di padre all'interno delle famiglie pare essere particolarmente sviluppata negli uomini che hanno studiato di più. I padri laureati, sempre secondo i dati dell'Ifs, spendono attualmente una media di oltre 10 ore a settimana occupandosi delle proprie figlie (per loro l'incremento dal 2003 è stato pari a 2 ore settimanali).

Va, purtroppo, molto peggio alle figlie dei padri che una laurea non l'hanno presa: per loro, il tempo di cura durante la settimana si è perfino ridotto nel periodo compreso tra il 2003 e il 2023 (sarà anche che il mercato del lavoro per questa tipologia di padri è diverso e forse li tiene lontani da casa più tempo?).

Mentre trovare i dati sui «nuovi padri» è piuttosto complicato, soprattutto per quanto riguarda il nostro Paese, per i dati sull'impatto della maternità sulle donne italiane c'è invece il prezioso report di Save the Children che si intitola, non a caso, *Le equilibriste: la maternità in Italia nel 2023*. Ecco, questi dati non lasciano molto spazio all'immaginazione: nel 2023, l'occupazione maschile supera quella femminile di 17,5 punti percentuali. E il divario aumenta ulteriormente quando si è genitori. Qualche esempio? Nella fascia di età compresa tra i 25 e i 54 anni, uomini e donne che hanno una figlia minore di 18 anni mostrano un tasso di occupazione profondamente diverso: mentre quello delle madri si ferma al 63%, nei padri supera il 90%, con un divario di 27 punti percentuali. E in presenza di due figlie? Il divario sale al 34%.

Non è tutto, purtroppo, perché tra quelle poche donne occupate, il 32% ha un contratto part-time (contro il 7% degli uomini). E questo è il dato rilevato quando non sono madri. Invece tra le madri, anche se hanno solo una figlia, la quota di part-time sale al 37%. Quella dei padri, invece, scende al 5,3%.

Cosa ci dicono questi dati? Ci mostrano in azione due meccanismi contrapposti che conosciamo molto bene: la *motherhood penalty* e il *paternity bonus*. Detto in altri termini, la maternità peggiora il posizionamento delle donne sul mercato del lavoro, perché ci si aspetta che saranno loro a prendersi principalmente cura delle figlie e quindi, per dirne una, ad assentarsi più frequentemente, per esempio nel caso la bambina sia malata e non possa andare a scuola.

Quale potrebbe essere una soluzione per evitarlo? Be', per prima cosa, poter disporre di infrastrutture pubbliche e gratuite dislocate sull'intero territorio nazionale (e non solo al Nord, come rilevano ancora i dati). Ricordiamo che, secondo il Rapporto Annuale Istat 2023, mentre il Centro Italia e il Nord-est hanno già superato da diversi anni la soglia minima di copertura dei posti pari al 33%, come previsto dall'Obiettivo di Barcellona fissato dall'Unione Europea (rispettivamente, con il 36,7% e il 36,2%) e il Nord-ovest è vicino all'obiettivo (con il 31,5%), il Sud Italia e le Isole sono lontanissimi (rispettivamente, con il 16,0% e il 16,6%).

Senza contare che, a seguito della pandemia da Covid-19, il nostro Paese ha potuto disporre anche dei fondi stanziati dall'Unione Europea e confluiti nel Piano nazionale di ripresa e resilienza (Pnrr). E proprio il Pnrr avrebbe potuto aiutare a colmare i divari, ma purtroppo non è andata così.

In assenza di infrastrutture pubbliche e gratuite per le famiglie (così come in loro presenza, mi verrebbe da dire), si potrebbe pensare a un coinvolgimento paritario dei padri, in modo che la cura non debba ricadere unicamente sulle donne.

E invece, la cura delle figlie, nel nostro Paese, è ben lontana dall'essere condivisa. Sempre secondo il report di Save the Children 2023 *Le equilibriste*, mentre ogni giorno, in media, le donne italiane spendono 5 ore e 5 minuti al lavoro non retribuito di cura della casa e della famiglia, gli uomini gli dedicano solo 1 ora e 48 minuti.

Ma, come anticipavo, le aspettative che gravano sulle scelte e sulle possibilità delle donne influiscono in direzione opposta anche sugli uomini. Infatti, poiché il patriarcato assegna al maschio il ruolo di *breadwinner* (ovvero, di colui che in famiglia ha la responsabilità di portare i soldi a casa), quando diventa padre il suo posizionamento sul mercato del lavoro, al contrario di quello che avviene alle madri, migliora. Questo è il *paternity bonus*. Gli si concedono più straordinari, ottiene le promozioni, si ha per lui un occhio di riguardo (ci dicono i dati internazionali, per esempio, che i padri con due figlie sono in assoluto la categoria più coccolata dal mercato del lavoro).

In che modo questo impatta sulla capacità delle donne di parlare di soldi e di chiedere il giusto compenso?

Nel momento in cui le donne iniziano a essere marginali rispetto al mondo del lavoro, quando prendono il part-time o si licenziano per accudire le proprie figlie, perdono contatti, perdono occasioni, in molti casi sanno che non avranno più promozioni. In breve, il loro potere contrattuale diminuisce drasticamente.

Ci sono tonnellate di studi e dati, purtroppo, a supporto di queste affermazioni. Una ricerca svolta dall'Università di Harvard dimostra, ad esempio, che le madri che lavorano incorrono in ulteriori svantaggi rispetto alle donne che non hanno figlie, tanto che il gap salariale tra donne lavoratrici madri e quelle che non lo sono può arrivare a essere superiore perfino al gap salariale tra donne e uomini.

I NUMERI, LA MATEMATICA, I SOLDI

La distanza delle donne non solo dalla gestione del denaro, ma anche dalla semplice conversazione sul tema, ha radici profonde e viene coltivata sin da quando sono piccolissime. Potrà non stupirci, ma ha molto a che fare con la relazione che le bambine instaurano con i numeri e con la matematica.

È credenza condivisa che le donne abbiano meno familiarità con i numeri. Perfino a scuola, si ritiene che i bambini siano più portati per la matematica e che le bambine siano invece più brave nelle materie letterarie. Peccato che anche questo sia un pregiudizio.

La psicologa Janet Shibley Hyde ha pubblicato, ormai diversi anni fa, uno studio che è diventato un vero e proprio punto di riferimento sul tema. La sua analisi presenta i risultati di oltre cento ricerche sui voti ottenuti in matematica da maschi e femmine di varie fasce d'età, e indovina un po'? I dati sono inequivocabili: non c'è assolutamente alcuna evidenza empirica del fatto che nei maschi sia innata l'abilità di comprendere e utilizzare i numeri. Non è vero, quindi, che sono «naturalmente» portati o più bravi.

E questo viene confermato in tutti i gradi scolastici: non è vero alle elementari, né alle medie, né alle superiori od oltre. Le ricerche scientifiche che confermano questo risultato sono numerose. Ad esempio, una pubblicazione di Stanford del 2018 ha dimostrato che le bambine sono più brave dei bambini in matematica, soprattutto nelle scuole che si trovano in aree urbane svantaggiate. Quindi, non solo non sono meno portate, ma in alcuni contesti ottengono stabilmente voti più alti.

Lo dimostra anche la ricerca del 2020 di Yasemin Copur-Gencturk, Ian Thacker e David Quinn, che hanno studiato come le convinzioni del personale docente possano impattare sull'autostima di bambine e bambini. Eh, sì, perché i pregiudizi di cui il personale docente è portatore, anche inconsapevolmente, rischiano di giocare un ruolo significativo sui risultati accademici e perfino sulle scelte professionali delle studentesse e degli studenti. Partiamo dai dati. I risultati in termini di voti delle bambine e dei bambini analizzati erano assolutamente comparabili: nessuno dei due gruppi aveva una performance marcatamente migliore rispetto all'altro. Ciononostante, le docenti continuavano a credere che alcune discipline richiedessero abilità innate e che queste fossero specifiche di un genere piuttosto che dell'altro.

In particolare, la convinzione delle docenti è questa: in matematica, sono più bravi i maschi. Punto. E non importa se i voti dicono il contrario e se esistono studi che mostrano addirittura il contrario.

E allora perché, secondo i dati Censis, nell'anno accademico 2020/2021 le ragazze immatricolate in area Stem (*Science, Technology, Engineering* e *Mathematics*) erano solo il 39,4% del totale? Percentuale che fortunatamente negli ultimi anni è salita, ma si assesta ancora intorno al 40,9%.

Il problema è questo: nello sviluppare l'idea che abbiamo di noi stesse, ci facciamo influenzare da ciò che le altre persone pensano di noi. Quindi, se sin da piccole ci sentiamo ripetere che non siamo brave nelle materie scientifiche (perfino quando invece siamo così brave da ottenere i voti più alti), alla fine ce ne convinciamo anche noi. E questa convinzione influenza le nostre scelte.

È a causa degli stereotipi di genere, quindi, che facciamo più fatica a sentirci competenti in alcuni ambiti specifici. Sin da piccine, infatti, le donne sono oggetto di pressioni esterne, sia familiari sia sociali, che ne limitano le potenzialità. (Attenzione, perché alcuni stereotipi possono essere più espliciti, e quindi più facili da identificare, ma altri lo sono meno: magari sono più legati ad associazioni sottili o a micro-comportamenti e per questo diventano più difficili da notare, e a sostegno di questa tesi ci sono tante ricerche.)

Se infatti si chiede loro già da piccole di essere carine e gentili, di evitare comportamenti aggressivi, di scegliere sport che le rendano aggraziate, di farsi promotrici di pace e armonia (anche quando, magari, non ne avrebbero nessunissima voglia e preferirebbero fare – ed essere – altro) o se, prendendo ad esempio l'argomento di questo libro, docenti e genitori non fanno altro che ripetere che quello dei numeri non è un ambito fatto per loro, cosa succede? Che le bambine crescono pensando di dover per forza essere sempre concilianti, pacate, disponibili e sentendosi sempre meno capaci e competenti in alcune discipline come matematica e affini.

Ma cosa c'entra tutto questo discorso con il denaro? C'entra, perché i soldi sono numeri.

Non dobbiamo cadere nella tentazione di pensare che questo sia un tema secondario, perché se sistematicamente facciamo credere alle donne che la matematica non sia un loro ambito naturale, quando si troveranno a contatto con qualsiasi aspetto della loro vita che abbia a che fare con i numeri, incluso il denaro, tenderanno a farsi indietro e a delegare. E questo pregiudizio impatterà anche sulla loro capacità di darsi il giusto valore economico e di contrattare al meglio.

Ma questo vuole essere un libro pop, quindi ridiventiamo pop immediatamente, con un esempio che svela il pregiudizio sul rapporto tra donne, numeri e soldi.

Conoscete il trend su TikTok che è stato denominato *Girls Math* (La matematica delle ragazze)? Si tratta di una serie di video che mostrano come le donne fanno i conti quando si tratta di spendere il denaro.

Sarà forse che sto invecchiando, ma io non l'ho trovato divertente. Anzi, mi sembra che promuova ancora una volta lo stereotipo secondo cui le donne non capiscono nulla di numeri e non sono in grado di gestire il denaro.

In questi video alcune giovani donne spiegano infatti le proprie abitudini di spesa o le proprie scelte di consumo, usando una matematica che non ha nessunissimo senso. Qualche esempio? «Se compri qualcosa che costa meno di 5 dollari, non stai davvero spendendo denaro perché, a quel prezzo, è praticamente gratis.» O ancora: «Se non spendi a sufficienza per avere la spedizione gratis, stai sprecando del denaro». Soltanto un altro e smetto: «Se restituisci qualcosa che hai comprato, stai producendo denaro».

Ora, mentre è assolutamente evidente che nessuna di queste affermazioni abbia il benché minimo appiglio con la realtà, vi dico in breve perché trovo questo trend problematico. Gli stereotipi su cui si basano questi video sono gli stessi che hanno fatto sì, ad esempio, che negli Stati Uniti (ovvero, nel regno del capitalismo) le donne, per legge, non potessero avere un proprio conto corrente, una carta di credito o ottenere un prestito fino al 1974, anno in cui è stato adottato l'Equal Credit Opportunity Act.

Ma questo non accade solo negli Stati Uniti. In Canada, per esempio, per legge le donne hanno potuto aprire un proprio conto corrente senza la firma del marito soltanto nel 1964. In Francia, la legge che ha consentito alle donne sposate di possedere denaro a proprio nome (e anche in questo caso, di andare in banca senza essere accompagnate dal marito) è del 1965. Prima di queste date, alle donne era impedito gestire in autonomia il denaro perché non venivano ritenute sufficientemente intelligenti o emotivamente stabili per farlo. E stiamo parlando dell'altro ieri, in una prospettiva storica.

Del resto, in Italia nel 2019 il 37% delle donne non aveva un conto corrente intestato a proprio nome. È un dato di Episteme che cito sempre perché ci fa capire quanto, nel nostro Paese, ci sia ancora da fare.

Ecco spiegato perché a me quei video su TikTok non fanno ridere. E, in generale, perché questo non mi sembra un tema sul quale scherzare.

Perché dicono al mondo che le donne non sono in grado di essere logiche e razionali quando si tratta di spendere il denaro, che non hanno le capacità intellettuali per gestirlo, che non sanno adottare decisioni finanziarie sensate, che sono disposte a usare qualsiasi scusa pur di sperperare i soldi, che non sono in grado di porsi domande sensate circa il proprio futuro finanziario. Insomma, in sintesi, che quando si parla di soldi le donne sono inaffidabili.

Sapete quale rischia di essere l'immediata conseguenza di questi pregiudizi? Be', se le donne da sole non sono capaci di gestire il denaro, significa che hanno bisogno di qualcuno che lo faccia per loro. Insomma, che sarebbe bene tornare a quando, per legge, non potevano gestire i soldi in autonomia.

E dietro il denaro, come vedremo in ogni pagina di questo libro, c'è molto più del denaro stesso. C'è la considerazione che le persone hanno di se stesse e quella che di loro hanno le altre persone, c'è l'equilibrio all'interno di un rapporto di coppia. E mille altre dinamiche che non si vedono.

Ecco perché è un tema delicatissimo. Ed ecco perché dobbiamo prestare molta attenzione.

Approfondiamo il caso italiano. Per quanto riguarda specificamente il rapporto tra le donne e il denaro (e tra gli uomini e il denaro) nelle sue varie forme d'uso, dal risparmio agli investimenti, Ipsos per UniCredit ha realizzato nel 2023 un'indagine in collaborazione con il «Corriere della Sera». Il report è denso, ma ti propongo qui una sintesi.

Primo dato: in famiglia, a occuparsi delle scelte finanziarie sono gli uomini. Le donne delegano.

Quindi, le loro decisioni finanziarie sono spesso condivise con il partner. Questo è (purtroppo) vero per tutte le donne, anche se dei timidi segnali incoraggianti arrivano dalle fasce più giovani, nelle quali iniziano a diventare più spesso protagoniste della propria vita economico-finanziaria.

In generale, uomini e donne italiani sono cauti, soprattutto quando decidono di investire. Se avessero 10.000 euro da utilizzare, meno della metà delle donne deciderebbe di investirli, a fronte del 58% degli uomini. Dato agghiacciante: di questi

10.000 euro, un quarto delle donne risponde che non saprebbe proprio cosa fare.

C'è sullo sfondo sempre il tema della sicurezza nelle proprie capacità, che gli uomini, a differenza delle donne, ricevono in regalo alla nascita dalla società patriarcale. In generale, gli uomini pensano di saperne più di quanto effettivamente ne sappiano. Dalla psicologia, la finanza comportamentale ha preso in prestito il concetto di *confirmation bias*, che spiega bene questo atteggiamento. In pratica, le persone (e gli uomini più delle donne) tendono a selezionare solo le informazioni che sostengono le proprie opinioni e a ignorare le altre. Il che, in materia di finanza, si traduce nel fatto che gli uomini, ad esempio, tengono azioni in perdita anche per molto tempo, perché convinti di conoscere bene il mercato. Lo dimostra Louanne Lofton, professoressa alla University of California e autrice di *Warren Buffett Invests Like a Girl: And Why You Should, Too* (Warren Buffett investe come una ragazza. E perché dovresti farlo anche tu). L'autrice dimostra, al contrario, che le donne, essendo più caute, sono meno attaccate emotivamente alle loro decisioni iniziali e sono disposte a disfarsi più rapidamente delle azioni in perdita.

In generale, le donne tendono a muoversi in punta di piedi, per non dare troppo fastidio e non farsi notare oltremodo, soprattutto in ambiti, come il denaro, che vengono loro fatti percepire come estranei. Ma questa differenza, che sarebbe già insopportabile se fosse «solo» un'ingiustizia culturale, ha delle conseguenze materiali e visibili nelle scelte, nelle decisioni e nella vita delle persone.

Un esempio? La maggiore facilità che gli uomini hanno nel parlare di denaro li aiuta a contrattare il proprio stipendio. Altra faccia della stessa medaglia: le donne sono più spesso economicamente dipendenti, anche rispetto alle decisioni finanziarie. E, tra l'altro, non essere protagoniste della propria vita economico-finanziaria rende loro più difficile uscire da una relazione violenta e interrompere il ciclo della dipendenza economica.

LA DIPENDENZA ECONOMICA

In questo libro, troverai molti strumenti per ribaltare questo schema che relega le donne alla passività. Cercheremo di mettere a tacere la vocina che ci fa sempre sentire inadeguate. E capiremo come dare il giusto valore, anche economico, al nostro lavoro, come chiedere un aumento o una promozione, come presentare un preventivo a una cliente senza svilirci. E anche cosa fare se, una volta che abbiamo chiesto, non è andata bene (e a liberarci del senso di colpa per il fallimento: non sempre «se vuoi, puoi», a volte semplicemente non ottieni quello che volevi).

Una volta che abbiamo capito che il denaro è importante, e vogliamo iniziare a prenderci il nostro spazio, quindi, da dove iniziare? Il primo passo è, come sempre, la consapevolezza. Molte di noi conoscono, perché l'hanno sperimentata, la dipendenza economica. Molte vogliono uscirne, ma non sanno come. Moltissime altre, magari, non ne hanno mai sentito parlare. Per loro, cerchiamo di darne una definizione.

Che cos'è la dipendenza economico-finanziaria?

Possiamo tracciare i confini di questo fenomeno intrecciando tre fattori.

Il primo: sei in una condizione di dipendenza economica se non puoi far fronte con mezzi tuoi a una spesa improvvisa e inaspettata. Tipo: si rompe la lavatrice, ma siccome non guadagni non hai soldi tuoi e non puoi gestire in autonomia il denaro del tuo partner, non puoi risolvere questo problema da sola e devi necessariamente chiedere a lui se è possibile chiamare qualcuna che venga ad aggiustarla e, soprattutto, se può darti i soldi per pagarla.

Il secondo: sei in una condizione di dipendenza economica se deleghi strutturalmente ad altre persone la gestione del denaro e tutti i temi che vi girano attorno. Frase tipo: «Non ne so nulla, di queste cose si occupa mio marito/il mio compagno/il mio partner». Piccola precisazione su questo punto: è normale, in ogni coppia, che avvenga un processo quasi spontaneo di specializzazione. A casa mia, mio marito non fa toccare a nessuna la lavastoviglie, perché dice che nessuna la fa bene come lui (ma del resto, chi insisterebbe per farla al posto suo? È un compito che io e le mie figlie gli lasciamo volentieri!).

Il tema qui qual è? Che se vogliamo delegare qualcosa, è meglio delegare l'uso della lavastoviglie che non la gestione dei soldi! E che, anche se abbiamo un partner effettivamente più preparato di noi nella gestione del denaro, questo non vuol dire che non possiamo comunque imparare o, quantomeno, sapere, ad esempio, quali sono le entrate e le spese della famiglia. O che, se non lavoriamo e abbiamo un unico conto corrente, dobbiamo avere libero accesso al conto e a tutti gli strumenti connessi, come ad esempio la carta di credito, in modo da essere totalmente autonome nelle spese.

Il terzo, infine: sei in una condizione di dipendenza economica se non ti occupi affatto della pianificazione finanziaria, soprattutto di quella di lungo periodo. Ad esempio: avete investito denaro in un piano di accumulo del capitale e tu non lo sai? Non conosci gli impegni finanziari che gravano sulla famiglia (come ad esempio, se sono stati accesi un mutuo o dei finanziamenti)?

Ecco, se mettiamo insieme questi tre fattori, il 22% delle donne italiane si trova in una condizione di dipendenza finanziaria. E il 22% è tanto. È più di una donna su cinque. È quasi una donna su quattro. Significa che se stai seduta a un tavolino con tre amiche, una di voi si trova in condizione di dipendenza economico-finanziaria.

Ora, magari stai pensando che la stessa cosa succeda altrove. In realtà no. Perlomeno, non nei Paesi ricchi, categoria alla quale l'Italia appartiene. Ti faccio qualche esempio: in Germania le donne in condizione di dipendenza economica rappresentano solo il 5% del totale e in Austria osserviamo la medesima percentuale; in Slovenia sono il 7%; in Polonia il 10%.

Il dato stridente è proprio quello italiano. E ha a che fare, drammaticamente, con la nostra cultura e con il ruolo che la società assegna alle donne.

QUESTA DISTANZA NON SI ACCORCIA MAI

Insomma, l'abbiamo capito: le donne non vengono educate a parlare di denaro, sin da bambine. Nel corso della propria vita, poi, il canone d'adeguatezza fissato dal patriarcato le riconosce come più attraenti tanto più sono (o si rappresentano) come pulzelle fragili e indifese. Ma, come abbiamo visto, anche coloro che resistono a tutte queste pressioni rischiano di capitolare quando diventano madri.

In *Piacere, Denaro!*, la conferenza-spettacolo che abbiamo ideato e realizzato insieme Antonella Questa e io, e che portiamo nei teatri (ma non solo!), raccontiamo la storia di quattro donne che si trovano in fasi della vita diverse. L'ultima storia è quella di una donna anziana che per tutta la sua esistenza è dipesa economicamente da un uomo. Prima dal marito, che pur guadagnando bene le dava solo pochi spiccioli al mese per provvedere alle necessità della famiglia (perché ovviamente lei non ha mai lavorato). Poi, una volta scomparso il coniuge, dal figlio, che ha il suo bancomat e continua a fare quello che faceva il padre: a darle, sostanzialmente, la paghetta.

Non parlare di denaro ci indebolisce, anche nelle nostre scelte. Possiamo passare giorni o perfino mesi a discutere di quanto ci piaccia o non ci piaccia il capitalismo, ma noi viviamo all'interno di questo sistema in cui l'unico strumento per essere libere è il denaro. Ma la società cerca di convincerci che per le donne il denaro non sia importante, perché a loro è affidato il compito «naturale» della maternità e della cura, perché tanto c'è l'uomo che provvede alle loro necessità, perché in fondo non sono nemmeno così brave a capire il denaro e a gestirlo. E, se sono consapevoli, è più facile che prendano decisioni che dal denaro le allontanano ulteriormente (come quella di smettere di lavorare o di lavorare meno ore, e quindi essere pagate meno).

Ma queste decisioni le rendono ancora più fragili. Nel breve periodo perché guadagnano di meno e quindi sono più a rischio di dipendenza economica, nel lungo periodo perché queste decisioni impattano sulla loro pensione che infatti è strutturalmente più bassa rispetto a quella degli uomini.

Lo conferma anche il Rapporto annuale dell'Inps 2023: gli uomini sono circa il 48% del totale delle persone in pensione, ma assorbono il 56% della spesa pensionistica. In valore assoluto, parliamo di oltre 180 miliardi che vanno agli uomini, contro i 141 che vengono erogati alle donne. Ma rendiamola più facile: a livello pro capite, l'importo medio annuo delle pensioni degli uomini è di circa 23.200 euro, mentre quello delle donne è inferiore a 17.000€. Ovvero, le pensioni delle donne sono il 36% più basse rispetto a quelle degli uomini. Questo, giusto per fare un esempio, è un effetto di lungo periodo.

ANCHE MOLTI UOMINI NON PARLANO DI SOLDI

Prima di addentrarci nei prossimi capitoli, ci tengo a precisare una cosa: in alcuni Paesi, tra cui il nostro, il tema del denaro è tabù non solo per le donne, ma anche per gli uomini. È vero che sono le donne a subire più pesantemente gli stereotipi a causa di un'educazione che le allontana dal denaro, ma è altrettanto vero che la nostra è una cultura nella quale la conversazione sul denaro è vista con fastidio anche quando a portarla avanti sono gli uomini.

In parte la radice è culturale: il denaro viene definito dalla Chiesa come «lo sterco del diavolo». È brutto, sporco e cattivo. E parlarne ci qualifica come una persona *grossier*, sguaiata e grossolana. Ovviamente, la matrice è anche religiosa: ricordate che un ricco nel regno dei cieli è più raro di un cammello che passa per la cruna di un ago?

In Italia questa cultura che tratta il denaro con sospetto e vergogna viene rafforzata anche a causa del fatto che l'educazione finanziaria è scarsissima. In parte, perché ancora non viene insegnata nelle scuole. Se ne parla ciclicamente da anni, ogni tanto c'è chi propone di inserirla come materia, ma poi l'iniziativa naufraga miseramente.

Rimane un fatto: quello della gestione del denaro è un tabù anche sotto il profilo dell'istruzione. Ma non ti suona strano? Dal momento che viviamo in un'economia capitalistica, non pensi che sarebbe fondamentale insegnarci a capire e gestire il denaro sin da piccine e piccini? Non trovi che sia uno strumento indispensabile anche per essere cittadine e cittadini migliori ed elettrici ed elettori più consapevoli?

A dimostrare questa carenza strutturale nelle competenze finanziarie delle italiane è anche Banca d'Italia, che ogni tre anni porta avanti una ricerca sul tema. Il questionario su cui si basa lo studio del 2023 è stato somministrato a un campione di 5000 persone residenti in Italia e d'età compresa tra i 18 e i 79 anni. Il primo dato è quello che ci aspettavamo: l'educazione finanziaria in Italia è bassa. Insomma, le italiane non parlano di soldi. Una notizia positiva però è che, dal 2020, il livello medio di educazione finanziaria è cresciuto. Di pochissimo, ma è cresciuto. Siamo passate da un punteggio pari a 10,2 a uno di 10,6 (su un totale di 20, quindi comunque veramente basso).

All'interno di questo punteggio complessivo, siamo migliorate nella gestione delle risorse finanziarie nel breve e nel lungo periodo, passando da 4,2 a 4,6. E un leggero incremento è stato osservato anche nell'atteggiamento finanziario (cioè, nell'orientamento delle persone al risparmio e all'accortezza nell'uso del denaro), che da 2 è arrivato a 2,3. In generale, la conoscenza finanziaria su temi che ci riguardano quotidianamente – come l'inflazione, i tassi di interesse e il concetto fondamentale di diversificazione del rischio (ovvero, in sintesi di non impegnare tutto il denaro in un'unica attività finanziaria, ma diversificare; concetto che dalla finanza possiamo mutuare anche a tanti altri aspetti della nostra vita: non puntare tutto su un solo fattore) – è rimasta stabile, con un punteggio complessivo di 3,7 su 7. Quest'ultimo report contiene anche una sezione dedicata alle competenze di finanza digitale. Anche qui andiamo malissimo: il punteggio medio delle italiane è pari a 4,4 su 10.

Quando questi valori vengono disaggregati per genere, le donne ottengono stabilmente risultati peggiori. Tutto ciò rafforza una mia convinzione: di insegnare l'educazione finanziaria c'è molto, moltissimo bisogno. E c'è necessità di trovare un modo per raggiungere quelle fasce di popolazione che, proprio perché sono più fragili, rischiano di non venire nemmeno a conoscenza delle numerose iniziative di educazione finanziaria, anche gratuite, realizzate da diversi soggetti. Penso, ad esempio, alle conferenze e alle attività formative portate avanti dalla Fondazione per l'educazione finanziaria e al risparmio (Feduf) dell'Associazione bancaria italiana. O anche agli eventi e alle attività che Equonomics (società che aiuta aziende e istituzioni a raggiungere l'uguaglianza di genere, di cui sono una delle fondatrici) realizza insieme a UniCredit e ad altre realtà, tutte gratuite e a cui si può accedere liberamente.

Ma torniamo al tema iniziale: anche gli uomini faticano a parlare di soldi. A confermarlo è un'indagine che l'app finanziaria Revolut ha realizzato insieme alla società di ricerche Dynata su un campione rappresentativo della popolazione italiana maggiorenne. Pure in questo caso, i dati fanno riflettere. Secondo la ricerca, infatti, anche il 23% degli uomini intervistati dichiara di avere difficoltà nel parlare di denaro e nel richiedere un aumento di stipendio. Ma è ben il 68% delle donne ad avere problemi a parlare in generale di denaro. Anche se, da questa ricerca, sembra che siano soprattutto le donne a esprimere la necessità di una maggiore indipendenza finanziaria.

Ti faccio qualche esempio. Le donne italiane iniziano ad avere più chiara la necessità di tenere i conti separati. Il 36% delle intervistate ha infatti affermato di preferire questa soluzione. Tra gli uomini, a pensarla così è solo il 30%. Anzi, il 42% degli uomini ha dichiarato che preferirebbe avere un unico conto, in comune. Su questo aspetto, è d'accordo solo il 33% delle donne. Un dato che mi ha lasciata molto soddisfatta è che il 26% delle donne (quindi - evviva! - più di una su quattro) sceglierebbe un conto unico per le spese comuni e conti separati per le spese individuali. Perfettamente in linea con l'idea del *fuck off account*, ovvero del conto corrente personalissimo che ci dà la possibilità di essere libere e indipendenti rispetto alle nostre decisioni economico-finanziarie (se hai letto il mio libro precedente o mi segui, sai bene che questo è un tema sul quale tendo a tornare spesso, perché è davvero centrale).

Però, sempre nella stessa ricerca troviamo dati da cui partire per ragionare insieme, donne e uomini, di soldi. Ad esempio, il 17% delle donne trova complicato parlare di come spende il proprio denaro, mentre la percentuale degli uomini è solo del 13%. Vuoi un esempio? Eccolo: quante volte ti è capitato di ascoltare (o di dire) una frase del tipo: «Ho comprato un altro paio di scarpe» o un'altra borsa, un altro vestito, a tua scelta, «le nascondo nell'armadio, perché se le vede mio marito...». Affermazioni fatte spesso anche da donne che lavorano, guadagnano e sono economicamente indipendenti. E che quindi non avrebbero nessun motivo per nascondere al proprio partner gli ultimi acquisti. Ma anche questo è rivelatore del disagio che proviamo nel parlare di soldi (o di come li spendiamo).

Per quanto riguarda la divisione delle spese all'interno della coppia, il 19% delle donne ritiene che entrambi dovrebbero pagare più o meno in base a quanto guadagnano. E la pensa così anche il 22% degli uomini.

Insomma, a non parlare di soldi non sono solo le signore, ecco perché questo libro è anche per gli uomini.

Riconosci il tuo valore

Cominciamo da te: dalle tue esperienze, dalle tue skill, dalle tue competenze.

Per ottenere un aumento, devi infatti innanzitutto riconoscere per prima il valore del lavoro che fornisci. Partire sempre dal presupposto che, quando si apre una posizione o un'opportunità lavorativa di tuo interesse, vale la pena provarci: anche se vengono richieste alcune caratteristiche che non possiedi, potresti essere comunque la persona giusta per quella posizione (o per quel cliente) perché magari nessuna, finora, ha pensato che le cose potrebbero essere fatte diversamente. Magari tu hai proprio quello che serve ma nessuna se ne era resa conto. Ma, dall'altro lato, vuol dire anche abbandonare l'ideale della perfezione, irraggiungibile per chiunque, a cominciare dai colleghi maschi. Perché non serve essere donne straordinarie per pretendere un lavoro gratificante e pagato il giusto. E tutto questo vale sia per le imprenditrici e le libere professioniste sia per le dipendenti.

Ma come si misura oggettivamente il proprio valore? Ecco una guida pratica a quali elementi prendere in considerazione.

LA SINDROME DELL'IMPOSTORA

Nel 1976, la psicologa femminista Kay Deaux studia per prima un fenomeno singolare, ma assolutamente ricorrente: le donne tendono a sottostimarsi, e lo fanno per una serie di motivi.

In primo luogo, perché la maggior parte di loro ha internalizzato lo stereotipo per il quale non potrà mai raggiungere lo stesso livello di eccellenza degli uomini. Il risultato è che, mentre gli uomini tendono ad attribuire un successo a «fattori interni», come le proprie capacità o le proprie competenze, le donne lo imputano invece a «fattori esterni»: il caso, un errore da parte di chi le ha valutate, un allineamento dei pianeti. Insomma, se ottengono qualche risultato, è solo perché gli altri non si sono accorti che non sono brave abbastanza.

Al contrario, quando gli uomini non raggiungono i propri obiettivi se la riprendono con le circostanze esterne (avevano poco tempo, l'obiettivo era troppo difficile da raggiungere...), mentre – indovinate un po'? – le donne iniziano a fustigarsi con il cilicio: «Non sono abbastanza brava», «Non sono abbastanza intelligente», «Non sono abbastanza preparata».

L'ultima evidenza, nella ricerca di Deaux, è questa: anche a fronte di ripetuti successi, la maggior parte delle donne rimane (a volte inconfessabilmente) convinta, nonostante tutto, che i traguardi raggiunti non abbiano davvero a che fare con le sue capacità, che in fondo lei è un bluff e che quindi, prima o poi, anche le altre persone se ne accorgeranno.

Hai mai visto il film *Immaturi*? Si tratta di una pellicola di qualche anno fa, in cui un gruppo di persone intorno ai trentacinque anni si ritrova d'improvviso a dover gestire un problema piuttosto serio: l'esame di maturità, che pensavano di aver archiviato anni prima, per un cavillo burocratico non è più ritenuto valido. E così anche le lauree, le esperienze accumulate nel frattempo e quella parvenza di serenità professionale che pensavano di aver conquistato, tutto viene messo in discussione in un attimo.

La commedia diventa romantica dopo dieci minuti e, ovviamente, ha un lieto fine.

Ma quante volte hai sognato di dover rifare l'esame di maturità? O di discutere nuovamente la tesi di laurea? E ricordi quel senso di totale inadeguatezza che provavi nel sogno (e, con ogni probabilità, il sollievo quando ti sei svegliata)?

Ecco, c'è chi, con quel senso di inadeguatezza, ci convive per tutta la vita. La chiamano «sindrome dell'impostora».

Vediamo meglio di cosa si tratta. La sindrome è stata descritta per la prima volta nel 1978 da Suzanne Imes e Pauline Rose Clance. Le due psicologhe hanno verificato che, nonostante i successi accademici e professionali, le donne che sperimentavano la sindrome dell'impostora continuavano a ritenere di non essere davvero brillanti, e che quindi le altre persone si fossero sbagliate a valutarle e avessero commesso un errore nell'affidare loro incarichi e responsabilità. Ovviamente, è un processo del tutto irrazionale, perché i risultati raggiunti, fino a prova contraria, erano proprio la dimostrazione del loro valore. Ma non è che fossero pazze, eh. Pensa che pare che persino Albert Einstein soffrisse di questo disturbo!

Le ricerche condotte dalle due psicologhe portavano alla luce anche aspetti che ricordano proprio la trama di *Immaturi*: alcune delle donne intervistate avevano confessato di immaginare spesso di essere state ammesse per errore all'università. Ma è ancora peggio: molte di quelle che avevano conseguito la laurea, affermavano che i voti alti ricevuti, in realtà, fossero dovuti alla fortuna, a un errore del professore o perfino alla incapacità di giudizio da parte della commissione. Al contrario, tendevano a sopravvalutare le capacità e la professionalità delle colleghe.

Il fenomeno, come abbiamo visto, persiste tutt'oggi. Anzi, disponiamo di molti studi, anche recenti, che evidenziano come la sindrome dell'impostora colpisca particolarmente tutte le persone che non sono maschi bianchi, ma soprattutto le donne, specialmente quelle che hanno raggiunto ottimi risultati nel proprio settore.

Uno di questi è il report di Kpmg del 2020 *Advancing the Future of Women in Business: A Kpmg Women's Leadership Summit Report* (Il futuro progresso delle donne nel business: report del summit sulla leadership femminile di Kpmg). Basato su un questionario somministrato a 750 donne che ricoprono ruoli di alta dirigenza, mostra che il 75% di loro ha sperimentato personalmente la sindrome dell'impostora in determinati momenti della propria carriera. Inoltre, l'85% ritiene che la sindrome dell'impostora sia comunemente vissuta dalle donne nelle aziende americane, il 74% pensa che i colleghi maschi in posizione di leadership non provino sentimenti di insicurezza tanto quanto le donne nelle stesse posizioni e ben l'81% sente di esercitare maggiore pressione su se stessa per non fallire rispetto a quanta non ne venga esercitata dagli uomini.

Come ha scritto la *career coach* Luciana Paulise su «Forbes», è un fenomeno prettamente femminile per varie ragioni. Ad esempio, per la mancanza di modelli di riferimento - cioè di persone che hanno successo nel tuo campo, ti somigliano e condividono il tuo background - cosa che può farti credere di non appartenere a quell'ambito o che non sarai mai abbastanza brava per raggiungerne i vertici, proprio perché nessuna altra donna ci è riuscita prima di te (insomma, vedere più uomini in ruoli manageriali può farti pensare che sarà difficile, se non impossibile, diventare manager e guadagnare quanto loro). Ma anche per i commenti sessisti con cui veniamo cresciute, secondo i quali noi donne saremmo troppo emotive per fare le leader (e no: non fanno ridere, non sono battute, non sono mai state divertenti). E ancora perché le donne non sono pagate abbastanza. Secondo uno studio del Pew Research del 2022, le americane hanno guadagnato in media l'82% di quello che hanno guadagnato gli uomini. Quindi, quando qualche donna riesce nonostante tutto a fare carriera o a ottenere un giusto compenso per il proprio lavoro, non prova un senso interiore di successo personale, ma, per l'appunto, si considera un'impostora, negando ogni evidenza esterna che prova che, in realtà, è arrivata fin lì perché è brava. Anzi, bravissima.

Come anticipato già da Deaux, questo è il risultato dell'aver assimilato l'immagine che della donna dà la società. Insomma, molte donne sembrano aver interiorizzato gli stereotipi che le vogliono deboli, incapaci e non indipendenti.

Ma anche gli uomini, d'altro canto, tendono a fare lo stesso, cioè a introiettare i paradigmi della cultura sessista. Non vogliamo mica fargliene una colpa, se vengono cresciuti così. Se, sin da piccoli, sono educati a sentirsi a proprio agio in qualunque ambito e circostanza, se si dice loro (implicitamente o meno) che il mondo e tutto ciò che esso contiene è a loro disposizione.

Non è colpa dei maschi. È colpa del patriarcato.

Nonostante ciò, ricerche più recenti dimostrano che anche alcuni uomini convivono con la sindrome dell'impostora. Anche se confermano che il fenomeno è più raro che nelle donne e che, quando si manifesta, li colpisce con minore intensità. E comunque, riguarda soprattutto quelli che sono più in contatto con le proprie emozioni.

Secondo queste ricerche, gli uomini che soffrono di sindrome dell'impostora reagiscono diversamente dalle donne: ad esempio, tendono a compensare lavorando più del dovuto per raggiungere standard impossibili (che magari si sono fissati da soli). Diventano *workaholic* (ovvero letteralmente maniaci del lavoro), con conseguenze dannose sia per la loro salute sia per le loro relazioni, specialmente di coppia. Anzi, alcuni di loro le sabotano volontariamente, perché nel profondo non si ritengono degni di ottenere affetto dalle altre persone. Questa reazione maschile può assumere contorni preoccupanti e portarli a *burnout*, depressione e ansia.

COME SUPERARLA

Sia per gli uomini sia per le donne, le origini della sindrome dell'impostora sono da ricercarsi nella famiglia (e chi l'avrebbe mai detto?). Le esperienze che facciamo nel nucleo familiare, sin da bambine e bambini, formano infatti la percezione che abbiamo di noi stesse come individui e costruiscono in noi l'idea di quale sia il nostro posto nel mondo. Se veniamo sistematicamente rifiutate, abbandonate e se riceviamo critiche eccessive, tendiamo a pensare di non essere mai abbastanza. Poi, però, la società rafforza solo le insicurezze delle donne e non quelle degli uomini (come vedremo meglio più avanti). Gli stereotipi di genere in cui vengono ingabbiate le donne, quindi, contribuiscono pesantemente alla loro sindrome dell'impostora, e questo viene confermato anche dagli studi di Imes e Clance.

Anzi, le due psicologhe individuano tre comportamenti scatenati dalla sindrome che possono rendere ancora più complicato liberarsene.

PRIMO COMPORTAMENTO: LAVORARE, LAVORARE, LAVORARE

Lo abbiamo già visto: dal momento che non ci sentiamo mai all'altezza, facciamo tutto ciò che possiamo per prevenire o comunque rimandare il più a lungo possibile il momento nel quale tutte le altre persone si renderanno conto del fatto che, in realtà, siamo totalmente inadeguate. Studiare e lavorare duramente, quindi, è uno dei modi con cui le donne che soffrono della sindrome dell'impostora sperano di ottenere l'approvazione della figura che deve valutarle, sia essa una capa o una professoressa, e questo le fa sentire meglio. Ma non metterà a tacere quella vocina che nella loro testa continuerà a ripetere: «Non sei abbastanza brava», «Non sei capace», «Come diavolo hanno fatto a non accorgersi ancora che non sei in grado di fare quello che ti chiedono?». Una vocina che le costringerà a mantenere sempre dei ritmi forsennati. O perfino, in un ciclo continuo che si autoalimenta, ad alzare ancora di più il proprio livello di impegno, con tutto lo stress che ne consegue.

SECONDO COMPORTAMENTO: FALSITÀ

Molte donne possono reagire a questo senso costante di inadeguatezza nascondendo ciò che pensano realmente. Magari decidono di non rivelare le proprie idee o le proprie opinioni e di dire ai propri interlocutori solo quello che credono loro vogliano ascoltare. In alternativa, rimangono in silenzio di fronte a un'obiezione, anche quando sono convinte delle proprie posizioni e sanno di essere nel giusto. Alla base di questo atteggiamento c'è la convinzione che, se ci si mostrassimo per quello che realmente siamo (o pensiamo di essere, o entrambe le cose), la nostra incompetenza verrebbe scoperta.

TERZO COMPORTAMENTO: CHARME

Per alcune delle donne che convivono con la sindrome dell'impostora il riconoscimento della propria intelligenza deriva unicamente dal fatto che qualcun'altra le «veda», le riconosca e le legittimi. Quindi, tendono a cercare la candidata perfetta – una persona (perlopiù un uomo) che magari sia un punto di riferimento del settore – e ne studiano le caratteristiche: cosa le piace, a cosa è sensibile, cosa potrebbe apprezzare. E poi cercano di impressionarla e di compiacerla.

Se pensi anche tu di soffrire della sindrome dell'impostora, se ti riconosci in almeno uno di questi comportamenti, prova a fare una cosa che probabilmente non hai fatto mai: datti una bella pacca sulla spalla. Rifletti sui tuoi punti di forza (è un esercizio che dovrai fare anche prima della fase operativa della contrattazione). Riconosci tutte le esperienze positive che hai accumulato. Tieni sempre a mente che, se hai raggiunto una certa posizione, è per tutto l'impegno che ci hai messo. E ricorda sempre che le persone particolarmente creative o innovative, quando portano avanti le proprie iniziative (al lavoro ma non solo), non cercano di compiacere per forza gli altri. Anzi, spesso agiscono nonostante manchi loro il supporto delle persone che le circondano, soprattutto nella fase iniziale dei loro progetti. Insomma, non passano il loro tempo cercando di essere validate, ma si concentrano sul proprio obiettivo senza guardare in faccia nessuna (e si validano da sole).

Purtroppo, le donne indipendenti nella nostra società non vengono viste benissimo, ma dobbiamo fare i conti con una indiscutibile verità: se, per prendere una qualsiasi iniziativa, aspettiamo di ricevere l'approvazione da parte di tutto il resto del mondo, non andremo mai da nessuna parte. Pensa alle accuse che spesso ricevono le leader donne: non sono abbastanza femminili, le si rimprovera di essere venute meno ai canoni del loro genere (e sai che novità? Quei canoni ci vogliono passive e dipendenti e, è bene ripeterlo sempre, non è detto che ci interessino!). E infatti, se vengono abbandonate dal partner, la responsabilità viene spesso attribuita a loro, per non essere state sufficientemente presenti, o accuditive, o attente.

Insomma, finché ci teniamo stretta questa benedetta sindrome dell'impostora e rimaniamo nel nostro angolino, magari evitiamo il rigetto sociale. Ma può mai valerne la pena?

OGNI PERSONA È UNICA

Come abbiamo già visto nel primo capitolo, i pregiudizi di genere giocano un ruolo importante nella percezione che abbiamo di noi stesse e delle nostre capacità, ma anche nell'imbarazzo che proviamo nel parlare di soldi. È vero, non sono solo le donne a far fatica: ci sono anche moltissimi uomini che vorrebbero chiedere un aumento ma non sanno come fare, tanti anche gli imprenditori che non sono sicuri di fissare correttamente il prezzo del bene o del servizio che offrono. Soprattutto in Italia. Ne ho avuto conferma anche grazie al tour di presentazione del libro precedente: agli incontri il 30-40% del pubblico era sempre maschile e molti mi confessavano di ritrovarsi nelle stesse dinamiche e di dover affrontare le stesse difficoltà delle donne. Ciononostante, i dati sono chiari: magari alcuni uomini faticano, ma per la maggior parte delle donne parlare di denaro è proprio sfidante.

A cosa ti servono tutte queste informazioni? Perché è importante sapere queste cose?

Innanzitutto per evitare la vittimizzazione secondaria, che è sempre dietro l'angolo. Cosa intendo? Che non dobbiamo cedere alla tentazione di pensare che parte della responsabilità sia anche nostra, non dobbiamo mai pensare: le donne non ci credono abbastanza, non c'è nessuna legge che impedisca loro di chiedere una retribuzione adeguata o perfino un aumento e quindi, se non lo fanno, allora un po' è anche colpa loro.

La verità è che, come abbiamo visto sinora, le donne sono circondate da una rete fittissima di pregiudizi, radicati e tramandati da secoli.

Quindi no: la colpa non è delle donne!

Ora che hai capito quanto sia difficile sfuggire agli stereotipi di genere, però, resta un fatto: se non sei consapevole del tuo valore, incontrerai molte più difficoltà nel mostrarlo alle altre persone e ancora di più nell'usarlo come leva di contrattazione. Il tema qui è generale, ma, come abbiamo visto, è ancora una volta particolarmente femminile.

Ora, che succede? Che se le donne si adeguano agli standard sociali cuciti per loro, devono stare al proprio posto ed essere meno competitive. E anche quando, a fatica e combattendo contro i pregiudizi, non si adeguano agli stereotipi, vengono comunque ostacolate in ogni modo e colpevolizzate, magari perché hanno scelto la carriera al posto della famiglia. Insomma, qua non si vince mai.

Quindi, per riconoscere il tuo valore, che poi diventa anche valore economico, quello che devi compiere è un passo importante, è una prima mossa verso una vera e propria rivoluzione culturale. E puoi farlo solo se combatti le aspettative sociali che hai internalizzato, in modo da lasciare andare convinzioni e modelli di comportamento autodistruttivi e raggiungere il tuo pieno potenziale.

Ora, se fossi io al tuo posto e stessi leggendo queste righe, forse mi direi: «Tutto bello, ma come posso fare?». Non sono una psicologa (e consiglio sempre di farsi supportare da una professionista), ma posso raccontarti come ho fatto io: ignorando, sistematicamente e in ogni occasione in cui fosse realisticamente possibile, le aspettative sociali nei miei confronti. Ma anche agendo attivamente. Capendo che io stessa contribuivo al perpetuarsi degli stereotipi, ogniqualvolta commentavo le altre persone e il loro grado di adeguatezza rispetto agli standard. Se vogliamo essere libere dal giudizio altrui, dobbiamo evitare di essere noi stesse giudicanti.

Nel 2013, Sheryl Sandberg, a quel tempo Chief Operating Officer di Facebook ha pubblicato il libro *Lean in*, arrivato anche in Italia con il titolo *Facciamoci avanti*. Nel libro parla di sé e della sua vita, delle decisioni che l'hanno portata a ricoprire ruoli importantissimi in grandi aziende, spingendo le donne a sedersi al tavolo e prendere parola e spazio, dimostrando come anche gli uomini possono beneficiare del supporto dato alle donne, sia sul lavoro sia in famiglia.

Appena un anno dopo, è uscito *The Confidence Code: The Science and Art of Self-Assurance - What Women Should Know* (Il segreto della fiducia in se stessi: arte e scienza dell'autostima. Quello che le donne dovrebbero sapere) di Katty Kay e Claire Shipman. Il libro contiene riflessioni, spunti e consigli utilissimi sulle differenze nelle attitudini che donne e uomini hanno sul mercato del lavoro. Come le autrici descrivono, spesso gli uomini non esitano a farsi avanti, chiedendo aumenti e promozioni, anche quando non hanno le competenze o non sono qualificati o preparati al cento per cento. Al contrario, sono ancora troppe le donne, a volte iperqualificate, che rimangono nell'ombra perché temono di esporsi e di non essere abbastanza.

Alla luce di quanto abbiamo visto sinora, il libro di Kay e Shipman è utilissimo perché conferma come la scarsa autostima e il difficile riconoscimento del proprio valore da parte delle donne siano uno dei fattori fondamentali in grado di spiegare perché, anche se ne sarebbero perfettamente in grado, spesso le donne non chiedono e non si fanno avanti.

Ma qui dobbiamo fare una riflessione, perché la verità è che, secondo gli stereotipi, una donna che si fa avanti e chiede non rispecchia i canoni della femminilità. E questo può creare un cortocircuito negli interlocutori.

Infatti, secondo un bell'articolo pubblicato su «Harvard Business Review» nel 2022 e intitolato *How Confidence Is Weaponized Against Women* (Come la fiducia in se stessi è utilizzata come arma contro le donne) la sicurezza di sé, sui posti di lavoro, può perfino essere usata come uno strumento per ostacolare la carriera delle donne. Credo che siamo tutte d'accordo sul fatto che l'autostima sia un concetto *gender-neutral*, ovvero che, quantomeno in teoria, non dovrebbe essere associato a nessun genere in particolare. Eppure.

Lo studio presentato nell'articolo si basa su interviste approfondite che le autrici hanno condotto su 30 uomini e 36 donne che ricoprono posizioni di potere all'interno delle proprie aziende, nel Regno Unito.

Primo dato: 33 delle 36 donne intervistate hanno segnalato la mancanza di autostima come il fattore centrale che impedisce la carriera propria e delle altre donne. Non a caso, i dati dimostrano che quando le donne non riescono a raggiungere i propri obiettivi professionali, la maggior parte delle volte attribuiscono l'insuccesso alla mancanza di sicurezza in se stesse.

E gli uomini? Per loro, l'autostima non sembra proprio essere un fattore rilevante. Ne hanno parlato solo 6 uomini su 30 e sempre e solo in relazione alle donne; più specificatamente, sostenendo che il genere femminile manchi di autostima. Ovviamente, questo non aiuta: se qualcuna mi dice che non ho ottenuto la posizione a cui ambivo perché ho poca autostima, il rischio è che aumenti in me il senso di inadeguatezza, che mi senta ancora più sbagliata e che questo vada a erodere ulteriormente la fiducia che ho in me stessa, impedendomi di farmi nuovamente avanti.

Infatti, sia nel libro di Sandberg sia in quello di Kay e Shipman, viene citata una famosa ricerca svolta dalla multinazionale informatica Hewlett Packard. Questo report, basato su interviste effettuate al personale, raccoglie un dato significativo: le donne che lavorano in HP hanno fatto domanda per una promozione solo quando ritenevano di soddisfare il 100% delle qualifiche richieste per quel tipo di lavoro. Gli uomini, invece, si sono candidati quando pensavano di possederne il 60%.

Secondo uno dei più recenti *LinkedIn Gender Insights Report* – lo studio su come uomini e donne trovano lavoro, basato sui dati raccolti dal social network più usato al mondo a questo scopo – le donne fanno domanda per il 20% delle posizioni in meno rispetto agli uomini. E non è tutto: sempre stando a questi dati, tendono a chiedere una referenza il 26% in meno rispetto agli uomini.

Come si esce allora da questa situazione? Facendo, appunto, una bella scorpacciata di autostima. Partendo dalla consapevolezza che, anche quando non rispondi a tutti i requisiti ufficialmente richiesti per una posizione, quello che puoi portare tu all'azienda è assolutamente eccezionale perché è diverso da ciò che potrebbe offrire qualunque altra persona.

Purtroppo in Italia questa unicità viene poco o per niente considerata. Al contrario, l'idea dominante nelle aziende è che, se qualcuna se ne va, troveranno un'altra persona perfettamente in grado di sostituirla. Anzi, ne troveranno perfino una più brava. E questo forse può essere vero qualche volta, ma non può esserlo sempre. Non può essere la narrazione condivisa. Perché ciascuna di noi porta sul lavoro la propria storia, le proprie esperienze, i propri valori, oltre che le proprie competenze.

PERCHÉ INIZIARE A PUNTARE SULLE DONNE

Nel novembre del 2022, l'Unione Europea ha emanato una direttiva con la quale ha richiesto ai Paesi membri che il 40% dei membri dei consigli di amministrazione delle imprese quotate in borsa siano donne. L'obiettivo dichiarato della UE è quello di assicurare l'equità di genere nei consigli di amministrazione, che venga rispettato un principio effettivo di merito, che le nomine siano trasparenti e che le persone candidate per i *board* vengano valutate con oggettività.

In questi anni mi è capitato spesso di incontrare donne che erano state promosse quando le aziende in cui lavoravano si erano fissate degli obiettivi numerici sull'avanzamento delle donne. Alcune di loro mi hanno confessato di essere a disagio, di sentire i mormorii per i corridoi: «È stata promossa solo per le quote».

E questi stessi meccanismi che tendono a sminuire il valore delle donne si attivano anche ad altissimi livelli. Mi fa sempre un po' sorridere infatti che, quando a essere scelta per una posizione di potere è una donna, si sollevi d'improvviso il tema del merito. Con la conseguente domanda: ma sarà brava abbastanza? Sarà sufficientemente competente? Sarà stata messa lì per le quote di genere oppure perché lo meritava?

Al contrario per gli uomini che ricoprono posizioni di potere il tema del merito non si è mai posto, anche di fronte a totali e palesi carenze in termini di *curriculum* ed esperienza (potrei fare decine di nomi e sono sicura che anche a voi ne vengano in mente alcuni!).

Ma mentre non possiamo controllare le azioni, le scelte e le decisioni delle altre persone, possiamo controllare alcune delle nostre. E su questo tema, è necessario che la trasformazione culturale venga portata avanti anche da noi donne.

Nelle aziende spesso vige il meccanismo della cooptazione: in termini pratici, gli uomini scelgono altri uomini. Spesso ci sono regole, criteri e parametri, è ovvio, per decidere chi può essere promosso. Ma poi, tra tutte le persone che rispettano questi parametri, bisogna scegliere. E finora, spessissimo, per le posizioni apicali sono stati scelti gli uomini (e come abbiamo visto, non è detto che fossero tutti sempre competenti) perché le persone a cui spetta in genere la decisione finale sono uomini. Ma la cooptazione è avvenuta, oltre che per meriti, anche grazie ai rapporti consolidati magari negli spogliatoi del calcetto o sui campi da golf. Magari, alcuni dei prescelti erano i fidanzati delle figlie, altri erano figli di amiche di famiglia.

È vero: il meccanismo della cooptazione non viene esercitato solo dagli uomini. Una ricerca del 2018 di The Female Quotient e Progyny per Fairygodboss ha rilevato una sorprendente somiglianza tra il modo in cui avvengono le promozioni di uomini e donne. Dopo aver intervistato oltre 400 uomini e donne, infatti, si è scoperto che le persone che hanno maggiori probabilità di promuovere le donne sono altre donne, così come gli uomini hanno maggiori probabilità di essere promossi da uomini. Infatti, tra gli uomini che hanno partecipato al sondaggio, il 52% ha riferito che l'ultima persona che li ha promossi era un maschio, mentre solo il 30% delle donne ha fatto la stessa affermazione. Al contrario, il 37% delle donne ha affermato che l'ultima persona ad aver concesso loro un avanzamento di carriera è stata una donna, contro il 19% degli uomini. E questo sempre in barba alla credenza secondo cui le donne sono le peggiori nemiche delle donne.

E allora, qual è il problema? Che le donne in posizione apicale sono ancora troppo poche. E che quindi, nella maggior parte dei casi a scegliere chi farà carriera è ancora un uomo, perché questo è un meccanismo difficile da scardinare. E che, di conseguenza, se dovessimo basarci solo sulla cooptazione, le donne non ce la farebbero mai.

Le quote (non chiamiamole «rosa»: valgono per il genere meno rappresentato), anche insieme ad altri parametri quantitativi di selezione, servono a questo: hackerare un meccanismo consolidato. Ma se poi le donne vengono comunque sminuite quando i loro meriti sono finalmente riconosciuti, allora davvero non possono vincere mai.

È un peccato, perché, anche se i criteri di valutazione del merito finora utilizzati sul mercato del lavoro hanno spesso sottostimato il valore delle donne e il loro contributo (non a caso quelle regole sono state fatte da uomini!), moltissime ricerche invece dimostrano che le donne ai vertici migliorano la performance aziendale. Una delle più recenti è quella condotta da Margarethe Wiersema e Marie Louise Mors e presentata su

«Harvard Business Review», dal titolo *How Women Improve Decision-Making On Boards* (Come le donne migliorano la capacità decisionale dei consigli di amministrazione). Le due autrici hanno intervistato donne e uomini che hanno ricoperto la carica di amministratore delegato in più di duecento società quotate negli Stati Uniti e nelle principali borse d'Europa.

I risultati? Non solo le donne arrivano alle riunioni del board ben preparate e consapevoli delle proprie responsabilità. Intervengono sempre, non si preoccupano di fare domande quando non conoscono qualcosa e sono pronte a imparare. Creano un ambiente più aperto al confronto e, in questo modo, favoriscono discussioni più ampie e approfondite, che spesso portano il board a prendere la migliore decisione possibile. Ma, ancora più importante, introducono innovazione rispetto ai modi tradizionali di risolvere i problemi.

Sull'evidenza empirica che dimostra che aumentare il numero delle donne in posizione apicale convenga anche alle aziende vorrei insistere ancora un po'. E quindi ti porto altri dati (che, volendo, potrai utilizzare anche tu come leva di contrattazione: pensali come una cassetta degli attrezzi). Lo faccio anche cercando di sfatare un altro mito, ovvero che di tutto ciò si sia cominciato a parlare solo due o tre anni fa. Forse questo è vero per il nostro Paese, non lo è affatto per gli altri, a partire dagli Stati Uniti.

Infatti, già nel 2014 Corinne Post e Kris Byron hanno pubblicato una ricerca estensiva che raccoglieva i risultati di 140 studi condotti fino a quel momento. Cosa ne emergeva? Intanto, che una maggiore rappresentanza femminile nei consigli di amministrazione è positivamente correlata con i rendimenti contabili delle società. Inoltre, che nei Paesi più vicini al raggiungimento dell'uguaglianza di genere (cioè, quelli culturalmente più avanzati sotto questo profilo), la maggiore presenza di donne nei board ha migliorato i risultati economici dell'azienda. Infine, che avere più donne nei consigli di amministrazione determina un miglioramento sia delle attività di monitoraggio sia di quelle strategiche, che sono poi tra le principali funzioni dei Cda.

Nel 2020, sempre Corinne Post, ma insieme a Kaitlin Wowak, George Ball e David Ketchen, ha poi dimostrato che un numero più elevato di donne in posizioni apicali garantisce alle consumatrici prodotti più sicuri e di qualità superiore.

Nel 2021, Corinne Post (sì: sempre lei!), Boris Lokshin e Christophe Boone hanno pubblicato una nuova ricerca grazie alla quale sono riusciti a identificare alcuni dei cambiamenti nel pensiero strategico delle aziende che avvengono in seguito alla nomina di dirigenti donne. Per esempio hanno scoperto che, quando le donne entrano a far parte dei vertici delle aziende, queste diventano più aperte al cambiamento e meno propense a rischi inutili. Che nelle comunicazioni aziendali la frequenza dei termini che indicano una propensione all'assunzione di rischi è diminuita del 14%, mentre quella di parole che suggeriscono un'apertura al cambiamento è aumentata del 10%. E anche che le aziende sono gradualmente passate da una strategia focalizzata su fusioni e acquisizioni a una più mirata a ricerca e sviluppo.

Un ultimissimo studio: secondo il report *Diversity Matters Even More* (La diversità conta ancora di più) del 2023, redatto dalla società di consulenza manageriale McKinsey & Company, le aziende che hanno i vertici manageriali più diversificati per genere hanno il 27% in più di probabilità di ottenere una redditività superiore alla media.

PUNTI DI FORZA E DI DEBOLEZZA

Negli Stati Uniti, è stata sviluppata una piattaforma chiamata *Quantified Self* che aiuta le persone a misurare gli aspetti importanti della propria vita. Perché mai, ti starai chiedendo?

Perché raccogliere dati e numeri che riguardano le proprie abitudini è un modo razionale per conoscere meglio se stesse e se stessi, per accorgersi di come certi comportamenti influenzino la salute, i risultati raggiunti, il benessere, insomma per notare aspetti della propria vita che altrimenti avremmo faticato a scoprire. E perché pare che la consapevolezza di sé sia legata all'efficienza: le persone che conoscono meglio loro stesse sono anche quelle che riescono a gestire meglio il tempo e a raggiungere i propri obiettivi. Se ci pensi, in effetti, è la stessa cosa che fanno le aziende: in base ai dati, ridefiniscono le proprie strategie e i risultati da raggiungere.

Allora prova anche tu ad analizzare te stessa partendo da un interrogativo: quali sono i tuoi punti di forza e quali quelli di debolezza? Cominciamo proprio da questa domanda perché è una di quelle che vengono sempre rivolte durante i colloqui o quando si va a chiedere un aumento. Ma è anche la stessa che dobbiamo porre a noi stesse se siamo imprenditrici o professioniste.

E allora, immagina di doverti presentare a una persona che è seduta di fronte a te e che dovrà valutare se darti o meno un aumento, una promozione o affidarti un lavoro. Iniziamo con qualche suggerimento su come descrivere i tuoi punti di forza.

1. FOCALIZZATI SU UN PUNTO DI FORZA INDICATO NELLA DESCRIZIONE DEL LAVORO O DELLA POSIZIONE A CUI AMBISCI

È inutile sprecare tempo ed energie nel tentativo di individuare quale sia il superpotere che ti farà ottenere quel lavoro o quell'aumento. Spesso, è già scritto tutto nero su bianco e puoi trovarlo nell'annuncio di lavoro o nella descrizione delle competenze richieste per ciascun livello. Basta attingere da lì.

2. ENTRA NEL DETTAGLIO DELLA TUA COMPETENZA

Essere quanto più specifica possibile aiuta non solo te, ma anche e soprattutto chi ti sta valutando in quel momento. Ad esempio, sostieni di essere competente nella gestione delle risorse umane? Puoi aggiungere che sei empatica e capace di lavorare bene in gruppo e fornire feedback costruttivi. Dici di avere competenze nell'ambito della comunicazione? Bene. Puoi aggiungere che sei anche particolarmente portata nel parlare in pubblico e nelle presentazioni.

3. UNA VOLTA INDIVIDUATO IL PUNTO DI FORZA, CERCA DI SCOMPORLO IN QUATTRO PARTI

Le quattro parti possono essere il punto di forza in sé; un esempio di questo punto di forza nella vita quotidiana; l'impatto che può avere per il lavoro di cui ti occuperai; quanta soddisfazione ricavi dallo sfruttarlo.

Ora passiamo ai punti di debolezza. E qua devi stare attenta, perché è vero che l'onestà e l'autenticità vengono spesso premiate, ma è altrettanto vero che devi evitare di essere tanto sincera da arrivare al punto di autosabotarti.

Anche qui, puoi usare alcuni accorgimenti.

1. PROVA A PRESENTARE LA TUA DEBOLEZZA COME UNA SFIDA, QUALCOSA SU CUI MIGLIORARTI

Mostrare che le tue eventuali carenze sono facilmente risolvibili «limita il danno» e, anzi, ti fa apparire come una persona che investe davvero nel migliorare se stessa.

2. TRA LE COMPETENZE CHE NON HAI, FOCALIZZATI SU QUELLE CHE POSSONO ESSERE FACILMENTE ACQUISITE

Come? Con un corso di formazione o anche solo impegnandoti un po' di più. Non essere capaci di utilizzare un certo software o di parlare in pubblico sono infatti mancanze che possono essere risolte facilmente, e la tua interlocutrice lo sa perfettamente. Al contrario, un fattore di debolezza legato a un tratto caratteriale, per esempio l'essere irascibili o disorganizzate, può sembrare (ed effettivamente, essere) più difficile da superare.

3. EVITA I CLICHÉ

Non cadere nella tentazione di scegliere come difetto il fatto che lavori troppo, o che sei una perfezionista. Sono false debolezze che la tua interlocutrice avrà ascoltato già milioni di volte.

4. SCEGLI COME PUNTO DI DEBOLEZZA UNA CAPACITÀ CHE NON SIA FONDAMENTALE PER IL LAVORO A CUI AMBISCI

Così come è meglio che i punti di forza corrispondano alle qualità o alle competenze richieste nella descrizione del lavoro, allo stesso modo è meglio evitare di dichiarare che una di quelle caratteristiche è proprio il tuo tallone di Achille.

Una volta scelto l'elemento di debolezza da condividere, prova a scomporlo in tre parti. Puoi farlo in questo modo: inizia esponendo la debolezza nuda e cruda, quindi soffermati su qualche conseguenza che può derivarne (meglio comunque minimizzare, senza essere catastrofiche), infine metti in chiaro il tuo desiderio di affrontarla e superarla. In generale, concentrati sul superamento della debolezza più che sulla debolezza stessa.

La domanda «Quali sono i tuoi punti di forza e quali quelli di debolezza?», in sé, è banalotta, ma nasconde un'intenzione ben precisa.

Ricorda che quello che ti viene realmente chiesto, infatti, non è tanto quali siano i tuoi punti di forza e di debolezza, quanto che tipo di persona sei e in quale modo e misura puoi contribuire alla creazione di valore in azienda. Quindi, quando ti prepari per un colloquio, cerca di impostare le tue risposte con l'obiettivo di far emergere che sei una persona della quale ci si può davvero fidare e sulla cui crescita si può investire, ovvero che non sei una semplice somma di competenze.

E tieni sempre presente che al lavoro e nella vita privata sei sempre la stessa persona. O almeno, nei casi migliori lo sei (o dovresti esserlo). Perciò, se riesci, valorizza e cerca di far emergere in fase di colloquio i tuoi valori, la tua personalità, quello che ti rende unica.

È una vera e propria rivoluzione culturale quella che ti sto chiedendo di fare, ne sono consapevole. Moltissime delle donne che incontro nel mio lavoro mi raccontano che, a fronte del loro desiderio, magari, di cambiare azienda, di chiedere un aumento o una promozione per ricevere la giusta valorizzazione, si sentono dire da partner, amiche, parenti e genitori: «Ma cos'altro vuoi? Ringrazia che ce l'hai, un lavoro».

Ecco, invece iniziamo a convincerci che la nostra unicità è un valore assoluto, sia per noi sia per chi beneficia del nostro lavoro e della nostra professionalità.

COME FARSI (RI)CONOSCERE

Una volta che hai fatto, tu per prima, questo lavoro di messa a punto delle tue competenze, dei fattori di forza e di quelli di debolezza, come puoi emergere, che tu sia una professionista, un'imprenditrice o una lavoratrice dipendente?

Sembrerà banale, ma il primo modo per far comprendere anche al resto del mondo qual è il nostro valore, e di conseguenza ottenere che ci venga riconosciuto anche in termini monetari, è dimostrarlo.

Ok, quando si comincia un nuovo lavoro si cerca di rafforzare le proprie competenze, capire bene come funziona e quali valori vengono realmente valutati dall'azienda in cui ci si trova o dal mercato al quale ci si rivolge come professioniste o imprenditrici. Ma, quando questa prima fase «esplorativa» si è conclusa, è importante capire bene come avanzare e, con questo obiettivo in mente, procedere lungo tre assi fondamentali: posizionarsi, condividere, collaborare.

1. POSIZIONARSI

Cosa si intende con questa espressione? Che significa? Si tratta di diventare una persona ritenuta affidabile in un determinato ambito. Raggiungere questo obiettivo non è banale e richiede impegno e costanza, perché devi fare in modo che le tue azioni, i tuoi comportamenti e le tue parole siano quanto più possibile coerenti e, in qualche modo, prevedibili.

Perché prevedibili? Perché se vuoi essere la persona di riferimento in un certo settore, e quindi costruirti la reputazione di persona affidabile, devi evitare di compiere azioni che vadano nella direzione contraria rispetto all'immagine che hai deciso di dare di te e della tua competenza.

Faccio un esempio partendo da me. Se io, come economista femminista, rilasciassi un'intervista in cui affermo che, tutto sommato, è giusto che le donne rimangano a casa senza lavorare e senza guadagnare denaro, cosa accadrebbe? A parte che sarebbe un segno inequivocabile del fatto che non sto bene. Ma questa mia dichiarazione risulterebbe del tutto «stonata» rispetto ai messaggi che mando quotidianamente, a quello che scrivo, insomma al mio posizionamento. E farebbe, giustamente, sorgere dei dubbi sulla mia affidabilità.

Il posizionamento è questo: cercare di compiere azioni in linea con il modo in cui vogliamo che le altre persone ci vedano come individuo e professionista. Ovviamente, più questa immagine di te corrisponde a chi sei veramente, più mette in luce i valori che per te sono importanti anche nella vita privata, più riuscire a fare questo è facile. E, aggiungerei, sensato: perché dovresti cercare di far credere che sei una persona completamente diversa da quella che sei in realtà? E poi hai presente la fatica? Va bene smussare qualche lato del proprio carattere, imparare a essere diplomatiche, ma stravolgere la propria identità è faticoso, inutile e perfino dannoso.

2. CONDIVIDERE

Qui stiamo parlando di social network (prevalentemente). La verità è che se non li usi difficilmente altre persone possono conoscere il tuo posizionamento. Non possono sapere cosa ti gira per la testa, cosa pensi circa un determinato avvenimento, quali sono le tue opinioni, i tuoi desideri e le tue strategie per il futuro.

Partiamo da tre domande che puoi porti:

1. Sto esprimendo le mie opinioni chiaramente e in modo adeguato?
2. Parlo apertamente e mi espongo quando è importante?
3. Come posso far conoscere me stessa e la mia esperienza alle persone che lavorano con me, a potenziali clienti, ad altre aziende che potrebbero essere interessate alla mia professionalità?

Per rispondere all'ultima domanda: siamo oneste, i mezzi, ai nostri giorni, non ci mancano. Puoi pubblicare un post su LinkedIn, Facebook o Twitter, scrivere un articolo e mandarlo ai giornali online, creare un video per TikTok, Instagram o YouTube.

Lo so: molte persone non si sentono a proprio agio nel condividere le proprie idee sui social network. Ma quando, ad esempio, stai facendo un lavoro o realizzando un prodotto del quale sei particolarmente orgogliosa, condividere i tuoi pensieri o le fasi di lavoro può essere importante. Il tuo gruppo di lavoro ha supportato l'azienda, che grazie a questo ha ottenuto la certificazione della parità di genere (attestazione introdotta dal Piano nazionale di ripresa e resilienza per promuovere l'inclusione delle donne nel mercato del lavoro)? Lo puoi condividere! Un'azienda importante ha richiesto i tuoi servizi professionali? In accordo con lei, puoi condividerlo!

Farlo aiuta a mostrare a colleghe e superiori della tua stessa organizzazione o azienda l'impegno che ci stai mettendo. Può mettere in luce la passione con cui fai il tuo lavoro e, nello stesso tempo, rafforzare la tua autorevolezza in un certo ambito. E, in questo modo, influenzare anche la percezione che le altre persone hanno di te. Inoltre condividere non serve solo a te: la tua esperienza può aiutare altre a sviluppare idee creative.

3. COLLABORARE

Mi riferisco al networking, cioè alla creazione di una rete di contatti e relazioni con persone del tuo stesso settore, che hanno lavorato con te e conoscono il tuo valore e la tua professionalità e che quindi possono aiutarti a fare carriera o a trovare una nuova posizione al di fuori della tua azienda, se sei dipendente, o a raggiungere nuove clienti, se sei libera professionista o imprenditrice.

Il networking è però fondamentale anche all'interno della tua azienda. Come puoi allora creare questa rete con colleghe e superiori? Per esempio organizzando programmi di *mentoring*, una metodologia di formazione che consiste nell'affiancare a una persona con meno esperienza - detta *mentee* - un soggetto con più esperienza - *mentor* -, permettendo alla prima di imparare e crescere professionalmente attraverso uno scambio continuo e diretto con la seconda (che avrà moltissimo da imparare anche lei!). O, in generale, promuovendo attività di formazione che possano consentire a tutte le persone di crescere, ognuna nel proprio ambito. Lavorare davvero per l'obiettivo comune.

Già sento la potenziale obiezione: «Sì, ma dove lavoro io non è facile». Ti credo: in molte aziende, in alcuni ambiti, fare squadra non è semplice. Magari i valori che vengono premiati dall'azienda sono altri; magari, a essere considerato adeguato è chi si fa strada senza scrupoli e a discapito delle colleghe. Cosa si può fare, quindi, in queste realtà in cui si rischia di faticare di più e di ottenere meno?

Si può provare a essere il motore del cambiamento. Eventualmente, anche (potrà sorprenderti) facendo appello tue emozioni, per esempio dicendo alla tua superiore «Ho bisogno di aiuto» o «Mi sento frustrata e ho la sensazione che, se ne avessi la possibilità, potrei essere più felice condividendo quanto ho imparato sinora anche con altre persone». Non è detto che funzioni sempre, in ogni momento e in tutti gli ambiti, ma fare un tentativo non ti costa nulla.

E SE SEI TU L'IMPRENDITRICE? RICONOSCI IL VALORE DELL'IMPRESA, E ANCHE QUELLO ALTRUI!

Se hai un'impresa, se sei una professionista, sapresti quantificare esattamente il tuo valore? Sai con precisione qual è il valore che hai creato lo scorso anno? Sai in quale ambito del tuo lavoro stai crescendo? E qual è invece l'area che magari è in declino?

Purtroppo, per molte freelance e professioniste la risposta è no. E anche per tante aziende italiane. Ciò è dovuto al fatto che, spesso, queste ultime sono piccole o anche piccolissime (in molti casi, si parla di *solopreneur*, cioè di aziende costituite da un'unica persona, che poi è anche la proprietaria). In altri casi sono aziende familiari, ovvero realtà imprenditoriali il cui assetto proprietario è legato a una sola famiglia e in cui anche i vertici manageriali si tramandano, a volte letteralmente, di padre in figlio. E che magari non hanno un focus specifico sulla gestione finanziaria e contabile. Sono tante, eh! In Italia, rappresentano circa l'85% del totale e danno lavoro al 70% delle occupate di tutto il Paese.

Quello che spesso avviene è che queste imprese possono incorrere in rischi più elevati proprio a causa della loro storia e delle loro tradizioni, che pure ne rappresentano potenzialmente un punto di forza. A volte, infatti, quando si gestisce in ambito familiare un'azienda che magari è stata tramandata per generazioni, si fa fatica a percorrere nuove strade. A volte, non si capisce qual è il momento giusto per un passaggio di leadership. A volte, si resiste all'idea di aprirsi a professionalità provenienti dall'esterno, anche quando invece ci sarebbe bisogno del loro contributo.

In molti casi, poi, si agisce alla giornata, senza una concezione chiara, quantitativa, del valore aziendale indispensabile per pianificare le attività sul lungo periodo.

Se possiedi un'azienda di questo tipo o anche solo un'impresa di dimensioni medio-piccole, ricorda sempre di fare un *business plan*, ovvero una valutazione sul valore che produci nel corso dell'anno sui costi e sui ricavi, preferibilmente con una cadenza trimestrale; in modo tale che, se stai percorrendo una strada che non è la migliore per te e la tua azienda, tu abbia modo e tempo per aggiustare il tiro. Farlo può salvarti, ad esempio, dall'inseguire la clientela sbagliata, dal puntare su aree dell'azienda che invece sono inevitabilmente in declino, ma anche dal non riconoscere quelle che, al contrario, presentano maggiori opportunità e sulle quali, quindi, sarebbe bene investire.

Ma anche valutare quale sia il giusto compenso per chi lavora per te può effettivamente essere complicato. Però, ormai lo sappiamo, riconoscere il valore delle persone e remunerarle adeguatamente migliora significativamente la loro produttività, il loro desiderio di restare e la volontà di dare il meglio di sé.

Da dove partire, quindi, per fare la cosa giusta?

Io qui ti suggerisco sei aspetti ai quali prestare attenzione.

1. FISSA PER LE TUE PERSONE OBIETTIVI CHIARI

Bisogna che sia chiarissimo a tutte le persone che lavorano con te quali sono i criteri in base ai quali un obiettivo si potrà considerare raggiunto. Su questo è necessario non lasciare zone d'ombra. Eventualmente, puoi organizzare riunioni a scadenze fisse per vedere insieme i meccanismi che, dal conseguimento dell'obiettivo, portano poi alla ricompensa.

2. VALUTA SISTEMATICAMENTE I PROGRESSI INDIVIDUALI

Ora che tutte le persone della tua azienda conoscono e condividono gli obiettivi collettivi e le modalità di valutazione dell'operato individuale, è necessario monitorare costantemente i progressi fatti dai singoli, magari stabilendo degli obiettivi intermedi. Ecco un modo semplice per avere queste informazioni: chiedi direttamente al personale di autovalutarsi da 1 a 10. Questo si può fare non solo a fine anno, quando si deve dare una valutazione complessiva, ma anche ogni tre mesi, in modo che se qualcuna è lontana dal raggiungimento degli obiettivi, potrà avere modo di aggiustare il tiro.

3. VALUTA LA PERFORMANCE DELL'INTERO TEAM

Oltre alla valutazione individuale, fai, se possibile, anche una valutazione di gruppo. Ogni due/tre mesi valuta i progressi ottenuti insieme dalla squadra di lavoro. Come abbiamo visto, una volta che hai stabilito obiettivi chiari e condivisi, questo passaggio sarà facile e non richiederà troppo tempo. Sulla base dei dati raccolti, metti in rilievo i successi e sviluppa insieme al team strategie per migliorare ulteriormente, senza mettere in luce o sminuire nessun individuo in particolare.

4. USA TUTTO IL RANGE DELLE RICOMPENSE DISPONIBILE

In alcuni casi e per vari motivi, potresti non essere in grado di premiare quanto vorresti in termini monetari le persone che lavorano con te. Se ti trovi in questa circostanza, valuta altri tipi di ricompense. Qualche esempio: puoi dare vita a un programma di *mentoring* interno, od organizzare un evento per riconoscere il contributo di ciascuna dipendente.

5. CONOSCI MEGLIO LE PERSONE CHE LAVORANO CON TE

Conoscere le persone che lavorano con te è fondamentale anche per capire quale tipo di ricompensa sia per loro particolarmente importante. Certo, se questo libro è finito nelle mani dell'amministratrice delegata di una multinazionale che conta 20.000 dipendenti, per lei non sarà possibile prendersi del tempo per parlare diffusamente con ciascuna di loro. Ma se invece tu che stai leggendo hai una piccola azienda in cui lavorano magari venti persone (o anche meno), non sarà impossibile programmare nell'arco dell'anno un calendario di colloqui individuali per conoscere tutte il meglio possibile. Non è mai tempo sprecato!

6. FOCALIZZATI SUGLI OBIETTIVI COLLETTIVI

Partiamo dal presupposto che la capacità di lavorare in gruppo è una delle competenze che vengono valutate anche nei modelli di crescita professionale. Ecco perché può essere utile parlare al team collettivamente, oltre che individualmente. E discutere sia dei successi conseguiti, magari festeggiandoli insieme, sia dei momenti in cui si arranca, per capire se e come sia possibile migliorare il lavoro di squadra.

Raccogli informazioni, parti dai dati

Ora che hai preso coscienza del tuo valore, che hai capito quali sono i tuoi punti di forza e come metterli in risalto, è arrivato il momento di allargare lo sguardo e di darti un'occhiata intorno. Se sei una lavoratrice dipendente, significa banalmente capire come funzionano le cose all'interno della tua azienda. Quanto guadagnano le persone con le tue stesse mansioni e competenze? Parlare di denaro anche all'interno dell'azienda è rivoluzione. Ma è necessario. Ora, come vedremo, anche la normativa europea obbliga alla trasparenza salariale.

E poi chiediti quali passaggi di carriera abbiano fatto le tue superiori e in quanto tempo, fatti un'idea del tipo di persone che la tua azienda premia e di quali siano i criteri di valutazione usati per decidere chi fa carriera e chi no. Anche questo è importante: molte realtà apprezzano un approccio muscolare, altre meno. Questo per te deve essere un dato fondamentale: capire se in azienda viene premiato uno stile di leadership simile al tuo oppure no. Ad esempio, tu sei empatica e collaborativa, ma nell'azienda in cui lavori a ottenere le promozioni sono solo le persone che hanno una leadership gerarchica e verticale? Questo ti renderà prevedibilmente più difficile ottenere un aumento o una promozione. Ma saperlo potrà anche aiutarti a capire che forse non sei nel posto giusto e a iniziare a guardarti intorno.

E se invece sei una professionista o un'imprenditrice? Osserva le tue competitor e valuta l'andamento generale del settore in cui operi.

In generale: raccogli dati e informazioni e impara ad analizzarli. Questo ti tornerà utile per due motivi. Primo, per capire come e quando chiedere l'aumento, tentare un avanzamento di carriera o provare a far fare un salto di qualità alla tua attività, ma anche per valutare se l'offerta economica ricevuta è adeguata o quali sono le tue migliori alternative nel caso la negoziazione non andasse a buon fine. Secondo perché il mercato del lavoro tende a valutare in maniera sempre più positiva le figure professionali che sono in grado di basare le loro decisioni sull'analisi dei dati. Tanto che, secondo McKinsey & Company, nei prossimi anni avremo bisogno di oltre 1,5 milioni di manager capaci di usare al meglio tutti i dati che generiamo. Questa potrebbe essere l'occasione giusta per iniziare a metterti alla prova!

QUALI DATI TI SERVONO PER NEGOZIARE?

Prima di andare a vedere quali sono i dati fondamentali da raccogliere e come ottenerli, è importante capire quanto siano determinanti in ogni fase della trattativa. Anzi, prima ancora di cominciare, per stabilire l'asticella delle tue richieste senza sottovalutare l'obiettivo che puoi raggiungere, ma anche senza esagerare nelle aspettative.

Infatti, che tu voglia chiedere un aumento, stia cercando una nuova posizione lavorativa con maggiori responsabilità, o voglia rafforzarti come professionista o come imprenditrice, hai bisogno di un piano. E questi piani si costruiscono sui dati.

Per prima cosa, quindi, prova a tracciare una strategia, partendo dai punti che seguono.

1. DEFINISCI I TUOI OBIETTIVI

Prima di avviare una trattativa, è necessario che tu abbia ben chiaro cosa vuoi ottenere e perché. I dati possono aiutarti a definire i tuoi obiettivi fornendoti fatti, parametri di riferimento e standard che possono guidare il tuo processo decisionale.

Ad esempio, se stai negoziando un aumento di stipendio, come vedremo nei prossimi paragrafi, può esserti molto utile conoscere il livello medio di retribuzione per quel lavoro sul mercato. Ma dovresti raccogliere dati anche sulla performance dell'azienda. Se, per dire, si trova in un momento di crisi, sarà più difficile raggiungere il tuo obiettivo, che si tratti di un'assunzione o di una promozione. Questo ti aiuterà anche a capire quando (o se) farti avanti. I dati ti aiutano non solo a identificare le tue priorità, ma anche a delineare al meglio le tue alternative e a definire con la massima precisione possibile le tue soglie, come ad esempio l'offerta più bassa che sei disposta ad accettare.

2. SELEZIONA I DATI DA CONDIVIDERE

Una volta definiti i tuoi obiettivi e raccolti i dati, seleziona quelli più pertinenti, accurati e affidabili che supportino le tue richieste e siano nel tuo interesse. E decidi bene anche quali condividere. Mostrare i dati che hai raccolto alle controparti può infatti aiutarti a costruire rapporti, credibilità e fiducia. Può anche aiutarti a scoprire i loro interessi, i bisogni e le preoccupazioni che possono avere e a trovare punti comuni o aree di accordo. Tuttavia, condividere i dati comporta anche alcuni rischi: potresti per esempio rischiare di rivelare informazioni sensibili sulla tua strategia o perdere potere contrattuale (se, ad esempio, condividi la soglia minima di denaro che accetteresti).

Pertanto, è necessario essere strategiche su quando, come e quali dati condividere.

Ma spieghiamoci meglio: cosa significa essere strategiche in questa fase? E come si fa? Una strategia può essere quella di iniziare la trattativa condividendo dati generali o neutrali e procedere solo in un secondo momento (e solo se è il caso) con altri più specifici, cosa che puoi fare se vedi che la controparte si mostra aperta e ricettiva alle tue richieste. In questo caso, puoi anche decidere di condividere dati che supportano le tue proposte o controproposte. In altri termini, se la tua interlocutrice si mostra realmente disponibile ad ascoltarti e ad accogliere le tue richieste, potrete insieme usare i tuoi dati per trovare la migliore soluzione possibile per entrambe.

3. PREPARA I DATI

Una volta stabiliti i dati che ti servono e quelli da condividere, è necessario studiarli e organizzarli in modo che siano facili da comprendere, da comunicare e da confrontare nel momento in cui dovrai esporli alla tua controparte. Ad esempio, puoi preparare diagrammi, grafici, tabelle o *dashboard* da mostrare in sede di colloquio per visualizzare immediatamente i dati e mettere in evidenza quelli chiave. In un mondo perfetto, sarebbe bellissimo se tu riuscissi a prevedere quali dati le tue controparti potrebbero utilizzare per ribattere alle tue richieste e prepararti di conseguenza a rispondere (però, con un po' di esercizio ci si riesce!).

4. STUDIA LA CONTROPARTE

Prima di avviare una negoziazione, raccogli quante più informazioni possibili sulla tua controparte, su quali siano i suoi bisogni, le sue preferenze, le sue motivazioni, ma anche i vincoli a cui è soggetta, per comprenderne i punti di forza, di debolezza, le opportunità e le minacce.

Se sei una libera professionista o un'imprenditrice e quello con cui devi trattare è un nuovo cliente, o se devi affrontare un colloquio per andare a lavorare in una nuova azienda, puoi utilizzare come fonti il suo sito web, i rapporti di settore, le recensioni delle clienti. Più dati attendibili riesci a trovare, più ti sarà facile collegare i puntini, più arriverai preparata alla negoziazione. Probabilmente potrai trovare online i bilanci degli anni passati, lo statuto, la mission e la vision dell'azienda; riuscirai a scoprire chi sono le persone che la guidano e quelle che ci lavorano, ma anche le aziende con cui collabora e i progetti sui quali è impegnata.

Se invece stai chiedendo un aumento e magari devi incontrare una superiore che non conosci bene o qualcuna delle risorse umane, puoi anche consultare i suoi social media personali. Potrai così intuire che tipo di persona hai davanti, come si posiziona rispetto a temi caldi e quali sono i network che frequenta. Tutto questo ti aiuterà a personalizzare il tuo approccio, identificare interessi comuni e anticipare potenziali obiezioni.

5. PRESENTA I TUOI DATI (CON *BONUS TRACK*)

Quando durante una negoziazione presenti i dati che hai raccolto, cerca di farlo in modo persuasivo, rispettoso e attento. Usa i dati per supportare le tue argomentazioni, mai per sopraffare o intimidire la tua controparte. I dati possono esserti utili per mostrare i vantaggi e il valore della tua offerta, se sei un'imprenditrice o una libera professionista, ma anche per mettere in luce il fatto che la tua professionalità non è sfruttata a pieno o non riceve l'adeguato riconoscimento in azienda, se sei una dipendente.

Lo so che non è quello che ti aspetteresti da un'economista (ma del resto, io sono un'economista femminista piena di tatuaggi: che trovassi qualcosa di strano era quasi prevedibile!), ma secondo me, nelle negoziazioni, due parole chiave sono intuito e flessibilità. Usa l'intuito per leggere oltre le parole che ti vengono rivolte e fidati delle tue sensazioni: spesso sono corrette. Usa la flessibilità per reagire nel modo migliore per te ai comportamenti e alle posizioni della tua controparte (e cerca di schivare eventuali tranelli muovendoti come Keanu Reeves in *Matrix*). Sii pronta ad adattare le tue richieste in base al feedback ricevuto e alle reazioni della tua controparte, e a rispondere a eventuali dubbi o domande.

6. ASCOLTA I DATI DELLA CONTROPARTE

Ascoltare i dati della controparte è essenziale. Non sarai infatti solo tu a presentare delle evidenze per supportare le tue richieste, ma è probabile che in fase di negoziazione anche la controparte ti mostri i dati che ha a sua disposizione, che per te possono diventare un'importante fonte di informazioni. Prova quindi a cercare di comprendere la logica e i presupposti con i quali sono stati raccolti e ti vengono rappresentati.

Se serve, poni domande per chiarire eventuali dubbi o lacune e per contestare eventuali dati che ritieni imprecisi, inaffidabili o irrilevanti.

7. ANALIZZALI

Interpretare e valutare i dati che tu e le tue controparti avete condiviso può aiutarti a comprendere meglio la situazione, i problemi e le opzioni e ad adattare la tua strategia di conseguenza. Puoi anche sfruttare i dati della controparte per individuare un terreno comune che consenta un accordo o un compromesso e per proporre soluzioni che possano soddisfare entrambe.

Ma cosa significa esattamente analizzare i dati? Saperli leggere e saperli comprendere, prima di tutto, e poi capire se arrivano da fonti affidabili o meno. L'Istat, ad esempio, lo è, così come lo sono i ministeri e le organizzazioni nazionali o anche sovranazionali come la Banca Mondiale. Se si tratta di dati aziendali, puoi ritenere sicuri quelli che si trovano nei documenti pubblici, come un bilancio o una policy aziendale pubblicata sul sito internet dell'azienda.

Non è un'operazione semplice, ma con un po' di dimestichezza con la matematica si può fare (e, in caso contrario, non vergognarti a chiedere aiuto!).

8. NEGOZIA CON I DATI

Sulla base dell'analisi dei dati condivisi, avvia la negoziazione vera e propria. Questa è la parte centrale della trattativa, su cui torneremo anche nei prossimi capitoli. Intanto, ti anticipo questo: utilizza i dati per supportare le tue argomentazioni, affrontare eventuali preoccupazioni e superare i blocchi e le fasi di stallo che possono presentarsi in ogni contrattazione. I dati possono aiutarti a rendere le tue posizioni più forti e convincenti.

Attenzione: negoziare utilizzando i dati, però, non significa dimenticarsi di essere empatiche e flessibili. Ricordati sempre che l'empatia è un superpotere e che ascoltare la persona con cui stai interloquendo e mostrarti comprensiva sono il più delle volte delle vere e proprie carte vincenti.

9. RIVEDI I TUOI DATI

Una volta conclusa la negoziazione, cerca di trarre degli insegnamenti dai dati che tu e la controparte avete utilizzato durante la trattativa. Questo, a prescindere da come si è conclusa, può aiutarti a migliorare le tue prestazioni, le tue relazioni lavorative e i tuoi risultati professionali.

Per riuscirci puoi porti alcune domande. Ad esempio: hai sfruttato efficacemente i dati per raggiungere i tuoi obiettivi? Sei riuscita a utilizzare i dati per persuadere, collaborare e negoziare; e, se non lo hai fatto, cosa avresti potuto fare diversamente? In che modo la tua controparte ha usato i dati per influenzare le tue mosse, respingere le tue richieste o anche per cooperare? Quali dati hai trovato più utili, rilevanti o convincenti? Quali ti sono sembrati più confusi, fuorvianti o discutibili? Come puoi utilizzare ancora meglio i dati nelle negoziazioni future?

I DATI ECONOMICI

Ora entriamo nel vivo dell'argomento. Quali sono questi dati che è bene raccogliere e condividere?

Come vedremo meglio più avanti, non sempre è il momento giusto per contrattare un aumento, per cercare di ottenere una posizione di maggiore responsabilità, per lanciare sul mercato il nostro prodotto o proporre la nostra attività professionale.

Come puoi quindi capire se sia il momento adatto o no?

Partendo, appunto, dai dati. In primo luogo, da quelli congiunturali. In periodi di crisi economica, infatti, diventa tutto più difficile.

Per fare un esempio, durante la recessione seguita alla crisi finanziaria del 2008 la domanda di lavoro da parte delle imprese è precipitata. Tra il 2007 e il 2009, il numero di persone disoccupate ha raggiunto il massimo storico dal secondo dopoguerra: secondo l'Organizzazione internazionale del lavoro, alla fine del 2009 le disoccupate erano 205 milioni a livello globale, un picco mai toccato prima, con un incremento di 27 milioni rispetto al 2007. In Italia, secondo l'Istat, nel solo 2009 si sono persi circa 508.000 posti di lavoro e, nel mese di ottobre del 2009, il numero delle persone disoccupate ha raggiunto i 2 milioni per la prima volta da marzo del 2004. Peraltro, dal momento che moltissime persone stavano perdendo il lavoro, anche quelle che l'hanno conservato si sono ritrovate più fragili e hanno dovuto accettare riduzioni nell'orario lavorativo, con conseguenti revisioni al ribasso dei salari.

Ecco, analizzare dati di questo tipo, conoscere in quale contesto macroeconomico ti stai muovendo, ti aiuta a capire come giocare le tue prossime mosse. Quello, per esempio, non era un buon momento per contrattare, se lavoravi all'interno di un'azienda.

Ora come siamo messe, in Italia? Secondo gli ultimi dati disponibili, il tasso di disoccupazione sfiora l'8%, quello giovanile il 25%. Siamo sopra alla media europea e anche a quella dell'area Euro, che si attestano intorno al 6%. Per quanto riguarda le persone tra i 15 e i 34 anni, siamo oltre la soglia di allarme, perché la media europea è sotto il 15%, ovvero ben 10 punti percentuali in meno rispetto al nostro Paese.

E allora, durante le crisi non si negozia? Non è detto. Ma certamente bisogna farlo con più attenzione e tenere a mente due indicazioni di massima.

La prima: i dati che si osservano nel momento di crisi sono quasi sempre contingenti. Il che vuol dire che sono legati a quel momento e che, prima o poi, cambieranno. Di questo devi tenere conto anche nella negoziazione: nel momento di crisi metti sul tavolo solo gli obiettivi realizzabili nel breve periodo, senza richiedere impegni a lungo termine. Se sei una professionista, ad esempio, è meglio prendere un incarico per un anno piuttosto che per tre. Può darsi infatti che quando la crisi sarà passata potrai spuntare un compenso più alto.

La seconda: cerca comunque di massimizzare i potenziali risultati. In una situazione di crisi, avvia e chiudi le negoziazioni solo se c'è in gioco un miglioramento sostanziale. Altrimenti, se puoi, aspetta.

I DATI DELL'AZIENDA E DELLA CONCORRENZA

Una volta inquadrato il contesto generale (c'è una crisi economica o al contrario siamo in una congiuntura positiva?), è il momento di entrare nei dati specifici dell'azienda o del mercato (se sei imprenditrice o professionista) in cui operi.

In che fase si trova? Potrebbe essere quella iniziale: ciò significa per l'azienda avere appena aperto, per un mercato essere ancora piccolo e inesplorato. Oppure potrebbe trovarsi in un momento di espansione, di rapida crescita. Ancora, con la maturità, in una fase di consolidamento. Può anche darsi che le cose non stiano andando bene. Che l'azienda sia in perdita o che quello specifico mercato sia in declino.

Nel corso del tempo, numerosi sono i settori che sono stati costretti ad affrontare un inesorabile declino. Pensiamo alla produzione di tanti oggetti legati alla moda. Uno su tutti: fino a non molto tempo fa, le donne indossavano i corsetti (grazie sempre, Coco Chanel, per avercene liberate!). Tutto quello che si produceva per poter realizzare il prodotto finale (dalle stecche in osso di balena in giù) ha subìto una «naturale» contrazione di produzione.

Oggi alcuni interessanti studi mettono in correlazione i dati ai gusti e alle abitudini delle nuove consumatrici. Ad esempio, negli Stati Uniti la contrazione del 17% delle vendite di cereali è stata imputata alle Millennial, che pare non amino mangiare questo cibo a colazione. Le Millennial sembrerebbero anche consumare più vino e meno birra rispetto alle generazioni precedenti (fatta eccezione per le birre artigianali). Insomma, queste scelte, che sono frutto di uno spostamento nei valori e nelle mode, si riflettono poi sull'andamento dei settori e delle aziende che vi appartengono.

Il declino di certi prodotti è rapido e frequentissimo. soprattutto, com'è ovvio, nell'ambito della tecnologia: le mie figlie ignorano totalmente cosa sia un floppy disk, giusto per dirne una (e anche sui CD-Rom fanno un po' di fatica, soprattutto la piccola).

Se quindi lavori o sei interessata a entrare in un'azienda che opera in un settore in crisi, qualsiasi sia il motivo, questo si ripercuote inevitabilmente sulle possibilità concrete di essere assunta o di ottenere promozioni o aumenti.

Ma non è tutto, perché, se lavori all'interno di un'azienda, un altro dato che potrebbe esserti utile è quello relativo alle retribuzioni delle tue colleghe: quanto guadagna una persona che ha il tuo stesso incarico, la tua stessa anzianità e le tue stesse competenze? E ogni quanto tempo ottiene una promozione oppure un aumento? Anche se sei una professionista o un'imprenditrice, ti sarebbe utile capire quanto chiedono figure professionali simili alla tua per i propri prodotti o servizi.

A cosa ti servono queste informazioni? A capire se la tua richiesta di aumento è motivata, perché una persona che fa un lavoro simile al tuo, con un carico di responsabilità paragonabile, guadagna meglio di te.

Come si fa? La maniera più semplice è chiedere alle dirette interessate, se lavori in un'azienda anche chiacchierando davanti alla macchinetta del caffè. Non c'è niente di cui vergognarsi. Contrariamente a quello che si dice, quello del denaro non è un tema necessariamente troppo intimo da affrontare. Ovviamente, se vedi che la persona con cui parli è in difficoltà, devi fermarti subito. Ma in caso contrario, parlandone, contribuirete ad abbattere il tabù. I soldi sono solo soldi.

Tant'è che presto le aziende europee dovranno obbligatoriamente rendere trasparenti tutti i livelli retributivi. Con una direttiva del 2023, il Consiglio europeo ha infatti stabilito che per combattere la discriminazione retributiva e contribuire a colmare il divario salariale tra uomini e donne, le aziende dell'Unione saranno tenute a fornire informazioni sulle retribuzioni (e anche a intervenire se il divario retributivo di genere supera il 5% e non è giustificabile sulla base di criteri oggettivi e neutri!).

Cosa significa concretamente? Innanzitutto che quando un'azienda pubblicherà l'annuncio per una posizione aperta sarà obbligata a dichiarare quale sarà la retribuzione iniziale o almeno la fascia retributiva, prima ancora del colloquio (perciò, anche se vuoi rimanere nella tua azienda, guardando gli annunci di lavoro potresti reperire informazioni utili sulle retribuzioni medie offerte per la tua mansione). E poi che qualsiasi dipendente avrà diritto a chiedere all'azienda sia i livelli retributivi medi delle categorie di lavoratrici che svolgono lo stesso lavoro o un lavoro di pari valore, ripartiti per sesso, sia quali criteri utilizza per determinare gli aumenti di stipendio e gli avanzamenti di carriera.

Presto, quindi (la nuova normativa europea dovrebbe diventare obbligatoria entro il 7 giugno 2026), se sei una lavoratrice dipendente, avrai uno strumento davvero semplice per reperire queste informazioni, utilissime sia nel caso tu voglia chiedere l'aumento sia nel caso tu stia cercando lavoro altrove.

Se invece sei una professionista, il consiglio è quello di frequentare, se li trovi nella tua città o se organizzano incontri online, gruppi di donne che svolgono la tua stessa professione. In Italia ce ne sono molti, sia formali sia meno. Spesso sono il posto giusto nel quale poter parlare di questi temi, ma anche di molti altri. E ti aiutano a sentirti meno sola.

Infine, se sei un'imprenditrice, cerca anche tu un luogo che possa essere sicuro e positivo per te. Per alcune, è un'associazione di categoria. Altre lo costruiscono sui social (lo vedo anche tra le artigiane che conosco e supporto su Instagram). Una volta che hai trovato ciò che fa al caso tuo, anche se non l'ha mai fatto nessuna prima, introduci l'argomento dei soldi: i prezzi che riesci a fissare sul mercato per quello che produci, i costi delle materie prime e così via. Vedrai quanto anche le altre ne saranno sollevate!

SAI COS'È UNA BATNA?

Dopo aver parlato dei dati generali - del mercato, dell'azienda, della concorrenza - arriviamo a te, ai dati «personali». Fra quelli che dovresti considerare prima di avviare la negoziazione, non posso non suggerirti la BATNA. Ma, prima ancora di utilizzarla, dovresti sapere di cosa si tratta!

Questo acronimo sta per *Best Alternative To a Negotiated Agreement*, ovvero l'alternativa più vantaggiosa che una parte negoziale può adottare se le trattative falliscono e non è possibile raggiungere un accordo. Il concetto è stato sviluppato da Roger Fisher, William Ury e Bruce Patton nel volume *Yes: Negotiating Agreement Without Giving In* (Sì. Come raggiungere un accordo nelle negoziazioni senza arrendersi) del 1991.

Detto in altri termini: nel caso la trattativa andasse male, quale sarebbe il piano B migliore per te? Eh, sì, perché non sempre le negoziazioni vanno a buon fine. Per questo, la BATNA è un dato indispensabile. Ma immaginare quale sia l'alternativa migliore rispetto al proprio obiettivo è anche una tecnica strategicamente molto efficace per rafforzare la propria posizione durante la negoziazione stessa, perché ci spinge a ottenere le migliori condizioni possibili, evitandoci di accettare quelle a noi poco favorevoli.

Iniziamo col dire una cosa: anche se finora non avevi neppure idea che la BATNA esistesse, se hai mai fatto una negoziazione l'avrai sicuramente utilizzata. Ma ora che ne sei consapevole può darti un superpotere, quindi andiamo subito al sodo: come puoi determinare la tua BATNA?

Secondo Fisher, Ury e Patton i passi da compiere per individuare la propria BATNA sono i seguenti.

1. DEFINIZIONE DEL TUO SCOPO

Devi capire cosa vuoi ottenere dalla negoziazione. Ad esempio, una persona che ha un lavoro dipendente e deve contrattare un aumento di stipendio avrà uno scopo negoziale diverso rispetto a chi ha un'impresa che produce beni e deve fissare i prezzi migliori.

Elemento da non sottovalutare: cerca di capire quanto siano motivate ed esaudibili le tue richieste. Ovvero: va bene sognare e puntare in alto, ma alle trattative si va solo con proposte che abbiano una qualche probabilità di essere accolte. E qui torniamo ai punti precedenti: raccogli e analizza i dati!

2. BRAINSTORMING

Non puoi iniziare la negoziazione senza prima fare un brainstorming su tutte le possibili alternative all'obiettivo che ti sei posta e sugli strumenti che puoi utilizzare durante la trattativa. Quindi pensaci bene e prendi nota di ciò che saresti disposta ad accettare nel caso la tua specifica richiesta non venisse esaudita. Ti stupirai: ti verrà in mente più di quanto potessi immaginare inizialmente.

Un esempio: vai a chiedere un aumento salariale. Se ti dovessero rispondere di no, cosa vorresti ottenere in cambio? Magari la settimana corta, oppure un corso di formazione. O anche dieci giorni di ferie all'anno in più. Una volta stilato un elenco di tutte le alternative, identifica quelle migliori.

Evita invece di elaborare ipotesi sulle reazioni della controparte: per sviluppare una buona BATNA non serve, anzi, potrebbe essere controproducente.

3. SOGLIA DI RISERVA

Definire la soglia di riserva, infine, significa fissare il punto di rottura della negoziazione, cioè quello a partire dal quale per te l'accordo non sarà più da considerarsi redditizio. E stabilire quali sono le alternative per te valide, ti permette proprio di capire qual è il limite oltre il quale non sei disposta a scendere.

La soglia di riserva gioca un ruolo fondamentale nella negoziazione, almeno per tre motivi:

1. Funge da bussola, fornendoti indicazioni chiare su come agire durante il processo. Ti aiuta a decidere quando mantenere la posizione, quando fare concessioni e quando abbandonare la trattativa. Senza questo punto di riferimento, i negoziati possono diventare inutili (senza contare che hai meno probabilità di ottenere risultati favorevoli).
2. È una rete di sicurezza, che ti impedisce di accettare condizioni dannose per i tuoi interessi. Ti ricorda che non devi scendere troppo a compromessi o prendere decisioni impulsive di cui potresti pentirti in seguito.
3. Può essere uno strumento di contrattazione. Le grandi negoziatrici non rivelano mai la loro soglia di riserva, quindi non farlo nemmeno tu. Ma se per qualche ragione decidi comunque di comunicarla alla controparte, fai presente che sei una negoziatrice seria e informata. Già questo aumenta il tuo potere contrattuale e incoraggia la controparte a offrire termini che si avvicinano maggiormente ai tuoi obiettivi. Se ci sono le condizioni per farlo (ma solo in questo caso), comunicare la tua soglia di riserva può velocizzare i tempi di contrattazione e porre le basi per un rapporto costruito sulla fiducia reciproca, inoltre può portare a migliori risultati e ti offre più probabilità di raggiungere i tuoi obiettivi.

La BATNA è quindi un processo più semplice di quanto non appaia, che ti consente di fissare alcuni paletti e di darti dei limiti che nel processo di negoziazione possono essere preziosissimi. I vantaggi di usare la BATNA sono molti. Vediamone insieme alcuni.

MITIGAZIONE DEL RISCHIO

La BATNA, ovvero la tua migliore alternativa nel caso in cui la negoziazione non andasse a buon fine, è come una rete di sicurezza: fornisce ai negoziatori una valida soluzione nel caso in cui le trattative in corso non portino a un accordo soddisfacente. Questo aspetto di mitigazione del rischio è cruciale perché ti impedisce di dipendere eccessivamente da un singolo accordo e ti aiuta a evitare esiti sfavorevoli.

EMPOWERMENT

Conoscere la tua BATNA ti dà potere. Quando sei consapevole della tua migliore alternativa, acquisisci fiducia nel processo di negoziazione. Questa fiducia ti consente di essere più assertiva nel difendere i tuoi interessi e nell'avanzare richieste, poiché sai di avere una valida opzione di riserva nel caso in cui la contrattazione non vada esattamente come vorresti.

PROCESSO DECISIONALE MIGLIORATO

La BATNA ti aiuta a delineare un processo decisionale razionale e ti consente di valutare oggettivamente se l'accordo proposto è migliore della tua alternativa. Accorgersi che non lo è ti offre l'opportunità di fare un passo indietro o cercare termini migliori, evitandoti di finire con l'accettare un accordo per te non ottimale.

MENO PRESSIONE

I negoziati possono essere stressanti e il timore di non raggiungere un accordo può portarti a fare delle concessioni che per te sono sfavorevoli. Avere una BATNA allevia questa pressione, poiché sei meno angosciata dall'idea di dover a tutti i costi chiudere un accordo (ehi, hai un'alternativa, ricordi?). Ciò riduce la probabilità di prendere decisioni impulsive o inefficienti a causa dello stress emotivo. Siamo tutte più rilassate, quando sappiamo di avere un piano B.

STRATEGIA DI NEGOZIAZIONE

La tua BATNA rispecchia la tua strategia di negoziazione. Se la tua BATNA è forte, puoi adottare un atteggiamento più competitivo o aggressivo, sapendo di avere un'alternativa che ti rende comunque felice. D'altro canto, se la tua alternativa è debole, sai già che potrai trovarti nella condizione di dover essere flessibile e accomodante, per cercare comunque di chiudere un accordo che sia il più ragionevole possibile.

MAGGIORE FLESSIBILITÀ

Una buona BATNA ti aiuta a essere flessibile nelle negoziazioni. Ti consente di esplorare soluzioni e alternative creative senza sentirti vincolata al raggiungimento di un unico accordo. Di riflesso, questa flessibilità può permettere di ottenere risultati più innovativi e reciprocamente vantaggiosi.

RISOLUZIONE DEI CONFLITTI

In situazioni in cui le negoziazioni si interrompono o diventano aspre, la BATNA può servire come base per risolvere i conflitti. Le parti possono infatti fare riferimento alle loro alternative per colmare il divario o trovare terreno comune per raggiungere un accordo.

Questo è uno dei casi in cui condividere la propria alternativa, da entrambe le parti, significa mettere tutte le carte in tavola. Non è segno solo di fiducia, ma esprime anche la volontà sincera di venirsi incontro per trovare un accordo.

COSTRUZIONE DELLE RELAZIONI A LUNGO TERMINE

Conoscere la propria BATNA può aiutare a preservare le relazioni a lungo termine con le controparti negoziali. Evitare di stipulare accordi sfavorevoli riduce la probabilità di risentimento o insoddisfazione e contribuisce a preservare potenzialmente un rapporto di lavoro positivo che può essere utile in caso di interazioni future.

Come puoi vedere, la BATNA è fondamentale in qualsiasi processo di negoziazione, perché fornisce un quadro pratico per fare valutazioni oggettive e definire strategie e, in definitiva, ottenere risultati più favorevoli. Dà potere a entrambe le parti, riduce i rischi e promuove un processo decisionale razionale, il che contribuisce a raggiungere accordi più soddisfacenti e di successo.

E SE SEI UN'IMPRENDITRICE?

Anche in questo caso, i dati ti sono indispensabili, almeno per tre motivi.

1. SCEGLIERE IL MERCATO

Le aziende di successo hanno alcune cose in comune, anche se operano su mercati molto diversi. Tra queste, sicuramente c'è la capacità di identificare con chiarezza le proprie clienti. E vale anche per le medie imprese. Anzi, mi verrebbe da dire che in un mercato globalizzato in cui sono le multinazionali a farla da padrone, per le piccole e medie imprese capire bene chi siano le proprie consumatrici, individuare un posizionamento strategico, ovvero un modo di differenziarsi dalla concorrenza e promuovere una crescita mirata è indispensabile. E per farlo bisogna scegliere un proprio segmento di mercato che sia solido e redditizio, evitando quelli in cui «vincere» contro i colossi multinazionali in termini di offerte e prezzi (i loro saranno sempre sicuramente più bassi) è impossibile.

Cosa invece non dovresti fare, anche se la tentazione è forte? Cercare spasmodicamente di tagliare i costi e di accaparrarti tutti i ricavi, in una prospettiva di breve periodo. La chiamano *hit-and-run* (colpisci e scappa): è una strategia che si può applicare a ogni settore e che è basata solo sul brevissimo periodo. Per un'azienda, significa cercare di contenere al massimo i costi, vendere il più possibile il proprio bene, magari di qualità medio-bassa (se non bassissima) e uscire dal mercato con il bottino. È una prospettiva in cui costruire la fiducia della clientela non interessa, perché l'azienda vuole solo massimizzare i propri profitti nel minore tempo possibile.

Al contrario, elaborare una strategia per la propria azienda può richiedere tempo, ma se conosci bene le persone che acquistano i tuoi prodotti o i tuoi servizi e riesci a raggiungerle, e a farti conoscere da loro, puoi creare relazioni che possono consolidarsi e durare anni. Ma come capire quali caratteristiche sono ricorrenti tra le persone che acquistano i tuoi beni o servizi? Anche per questo, è necessario raccogliere dati.

Alcuni possono essere ricavati semplicemente dall'osservazione: può darsi che le tue clienti si assomiglino un po' tutte, ovvero che abbiano determinate caratteristiche in comune. Già quello è un dato. In aggiunta o in alternativa, poi chiedere loro di fornirti dei dati al momento dell'acquisto, soprattutto se questo avviene online.

Alcune professioniste e imprenditrici, poi, creano newsletter per tenere aggiornate le clienti (reali o potenziali) sulle proprie attività e, al momento della registrazione per ricevere queste mail, chiedono di compilare un questionario con cui raccolgono informazioni. Cioè dati che possono essere utilissimi.

2. ADEGUARE LE TUE RISORSE

Capire il mercato e il ruolo che tu occupi al suo interno è un passaggio cruciale per elaborare la tua strategia. Ai dati sulla tua clientela puoi affiancare quelli sui tuoi punti di forza: quali sono i prodotti (o i servizi) che vendi di più? A chi li vendi? In quale periodo dell'anno, prevalentemente? Hai dei picchi stagionali o le vendite sono pressoché costanti durante l'anno?

E le tue competitor, quali sono? Cosa e quanto vendono? A chi? In quale periodo dell'anno? Cosa propongono? E in cosa sono diverse da te?

Queste informazioni ti servono per capire la posizione che tu, come imprenditrice o come professionista, occupi sul mercato. E anche se stai operando nel modo giusto o se c'è bisogno di cambiare qualcosa.

Forse devi proporre un nuovo bene o servizio.

Forse puoi rivolgerti anche a un tipo di clientela che finora non avevi considerato.

Forse vale la pena di capire come vendere per tutto l'anno.

Tutto ciò richiede un impegno economico. Ma, partendo da questi dati, ti sarà più facile evitare sprechi e agire in maniera strategica ed efficiente.

3. GESTIRE LA TUA ORGANIZZAZIONE

Infine, i dati ti servono per gestire la tua impresa. Questo punto può forse apparire scontato perché è una cosa che si è sempre fatta: i dati tradizionali che si usano per redigere un bilancio ci dicono se stiamo andando bene oppure no. Ma anche qui, rispetto a qualche anno fa, oggi è ancora più necessario non accontentarti e usare tutti i dati possibili.

Di cosa hanno bisogno le nuove aziende, soprattutto se sono piccole e vogliono crescere? Di analisi che vadano oltre quelle tradizionali. Se possibile, di associare un profilo a ogni acquisto. Detta in maniera semplice: quanti anni ha chi ha comprato quel determinato prodotto? Dove vive? Quale titolo di studio possiede?

Grazie a queste informazioni puoi scoprire quali sono i potenziali segmenti di mercato da espandere, dove si trovano le opportunità e su cosa vale la pena investire.

Qual è il tuo prezzo?

Arrivata a questo punto posso dirlo davvero: parliamo di soldi. Sì, perché, prima o poi, che tu sia una libera professionista che deve concordare con il cliente l'ammontare della fattura, un'imprenditrice che ha bisogno di fissare il prezzo del proprio prodotto o una lavoratrice dipendente che vuole ottenere uno stipendio adeguato alle proprie mansioni o capacità, arriverà il momento in cui sarà necessario stabilire la quantità di denaro che ti spetta per il tuo lavoro.

Questa cifra dipende essenzialmente da questi fattori: il tuo valore e quello del servizio o prodotto che offri, e quello che in termini generici potrei definire il contesto, intendendo sia il mercato in cui ti collochi (la domanda e il prezzo medio del bene o servizio che offri) sia la retribuzione media di chi svolge la tua stessa mansione (in altre parole ancora: dai dati). Ecco perché nei capitoli precedenti abbiamo parlato proprio di questi argomenti.

Ora quindi sei pronta, e hai tutti gli strumenti per porti la fatidica domanda (e rispondere): qual è il tuo prezzo?

VALUTARE LO STIPENDIO (MA NON SOLO!)

Sembrerà ovvio, ma la prima cosa da capire prima di andare a chiedere un aumento è se lo stipendio che prendi attualmente è adeguato alla tua mansione, alla tua esperienza e alle tue capacità, ma anche alle tue esigenze. Quello che sto per dirti vale ovviamente anche nel caso in cui tu abbia deciso di cambiare lavoro – magari perché le negoziazioni per un aumento o un avanzamento di carriera all'interno della tua azienda non sono andate a buon fine, o semplicemente perché senti la necessità di cambiare ambiente, conoscere nuove persone, affrontare sfide diverse – e stia affrontando dei colloqui. Il tuo scopo durante questi incontri è ovviamente quello di ottenere l'incarico per cui ti sei proposta, ma, se ci riesci, la fase successiva riguarda la valutazione dell'offerta e la negoziazione con la nuova datrice di lavoro.

Ma come si fa? Come si dovrebbero valutare lo stipendio e gli altri eventuali benefit che abbiamo o che ci vengono offerti? Ci sono dati e parametri su cui ti puoi basare per capire se sono adeguati?

Partiamo dagli elementi a cui dovresti prestare attenzione per fare le tue valutazioni. È chiaro che nessuna retribuzione o proposta di lavoro sarà mai perfetta, ma è per questo che i dati (sia quelli relativi all'azienda sia quelli legati alla propria vita personale) sono fondamentali.

Vediamone insieme qualcuno che varrebbe la pena di esaminare.

LO STIPENDIO

Il primo aspetto da considerare è, ovviamente, lo stipendio, partendo da una domanda fondamentale: ti consente di vivere una vita dignitosa, di coprire le spese necessarie e avere anche un po' di agio per il superfluo?

Questa è la base, ma non è sufficiente. Il mio consiglio è di valutare anche altri fattori.

Ad esempio, come abbiamo visto, sarebbe il caso di capire se lo stipendio che hai o che ti hanno proposto è in linea con quanto viene offerto da altre aziende simili per la stessa posizione. Ma, soprattutto, se rende giustizia alle tue conoscenze, alla tua competenza, all'esperienza accumulata, agli anni di studio profusi, alla rete di conoscenze e relazioni professionali che ti sei costruita nel tempo. Insomma, lo stipendio (o qualsiasi forma di retribuzione) deve tenere conto di tutto questo.

Molte aziende, oltre alla componente fissa del salario, ne prevedono anche una variabile. Si tratta spesso di una sorta di premio che viene riconosciuto al raggiungimento di determinati obiettivi. Ecco, se stai facendo dei colloqui per un nuovo lavoro è utile sapere anche se è previsto e quali sono le condizioni per ottenerlo.

In pratica, la domanda che devi porti è questa: quanto viene pagata una persona con la tua esperienza e le tue competenze, in questa posizione lavorativa e in questa città? Lo so, ora ti sarai chiedendo: «Ma come faccio io a saperlo?». In Italia è molto difficile. Negli Stati Uniti, ad esempio, ci sono piattaforme online che offrono questo servizio. Però puoi comunque investigare un po', chiedere informazioni ad altre persone che lavorano nel tuo settore.

Un consiglio: se alla fine dell'attività di raccolta dati ti rendi conto che non hai molto margine per poter ottenere una retribuzione migliore, cerca di capire se puoi contrattare anche su altre variabili.

IL CONTENUTO DEL LAVORO

Spesso, il lavoro riempie le nostre giornate. Si stima che spendiamo lavorando circa un terzo della nostra vita (e questo solo se si considera il lavoro retribuito, e non quello di cura non retribuito che le donne svolgono in casa). Lo sappiamo che si lavora per soldi, ma riceverai delle soddisfazioni dal lavoro che sei in procinto di accettare?

Anche in questo caso, puoi partire facendoti un paio di domande: qual è il tipo di attività in cui vorresti impegnare le tue giornate? E quali sono, tra tutte quelle che possiedi, le competenze che vorresti usare? Ad esempio, vuoi guidare un gruppo di persone oppure no? Vuoi avere a che fare con le clienti? Vuoi viaggiare tutto il tempo o non viaggiare affatto? E poi: quali sono le attività di cui non ti vuoi assolutamente occupare?

Le domande non sono finite qui. Io ne aggiungerei delle altre: quali sono i valori che vengono apprezzati in questa azienda? Cos'è che viene valutato per avanzare nella carriera? Quali modelli di leadership vengono promossi? Se questi valori e questi parametri non sono compatibili con la tua «etica lavorativa», probabilmente quello non è il posto giusto per te.

LA CULTURA ORGANIZZATIVA

La domanda precedente ci collega facilmente al tema della cultura organizzativa.

Parliamo di un concetto elaborato per la prima volta da Edgar Schein, psicologo e professore emerito al Massachusetts Institute of Technology (Mit), e autore nel 1985 di *Organizational Culture and Leadership* (Cultura organizzativa e leadership). Schein ci spiega che ogni azienda ha una sua cultura specifica, basata su tre fattori: gli artefatti (il luogo fisico e le sue caratteristiche: c'è il nido aziendale? Il parcheggio? I piani sono divisi in base alla gerarchia?); i valori (qui fa riferimento a quelli menzionati esplicitamente, per esempio sulla pagina «Chi siamo» del sito internet); gli assunti (il non detto, quelle norme implicite radicate al punto che non c'è nemmeno bisogno di esplicitarle). A seconda di questi tre elementi, il clima aziendale cambia e le persone che ci lavorano vivono una vita più o meno piacevole.

Quindi, non puoi non porti un'ulteriore domanda: sei o sarai felice in questo posto di lavoro? È chiaro che, rispetto alle variabili precedenti, questa è ancora più difficile. Come puoi saperlo?

Anche in questo caso, se sei in fase di colloqui per una nuova assunzione puoi portare avanti una piccola attività investigativa. Puoi provare a scoprire se conosci qualcuna che ha contatti con delle persone che lavorano in quell'azienda, per poter fare due chiacchiere con lei. Puoi anche prendere l'iniziativa e contattare qualche dipendente su LinkedIn e, semplicemente, porre domande per capire qual è il clima organizzativo, se le persone vanno in *burnout* con una certa frequenza, chi ricopriva quell'incarico prima di te (e perché se ne è andata). Puoi anche tentare un approccio più diretto e chiedere di poter passare un po' di tempo con il gruppo di lavoro con il quale avrai a che fare.

Ecco, ancora una volta acquisire informazioni ti renderà più consapevole e ti darà tutti gli strumenti per prendere la decisione migliore.

FLESSIBILITÀ, FERIE E ALTRI VANTAGGI

Un numero crescente di persone ha iniziato, a seguito della pandemia, a valutare in modo diverso il proprio tempo libero e a chiedere che sia più adeguatamente bilanciato a quello dedicato alla professione.

Negli anni Novanta, e poi ancora di più con la globalizzazione, si è imposto un modello anche culturale secondo il quale essere oltremodo sovraccariche di lavoro (o mostrarsi tali) equivaleva ad aver raggiunto una posizione di successo. Mi repelle tutto, a partire dalla definizione di successo, che secondo me non può essere univoca e universale, ma necessariamente personale. Cosa sia il successo per te, lo sai solo tu.

A ogni modo, come dicevo, per fortuna qualcosa è cambiato e ora, già nei colloqui di lavoro, le persone giustamente domandano se dovranno lavorare anche nel weekend, se potranno usufruire dello smartworking e in quali modalità e così via, scatenando a volte reazioni scomposte da parte di chi è ancorata al vecchio sistema (sarà capitato anche a voi di leggere articoli di giornale o vedere servizi in tv in cui ci si lamentava che «i giovani d'oggi» pongono queste domande... che ardire!). Quindi rimarchiamolo, domandare è del tutto lecito.

Ma la flessibilità si può anche contrattare in un secondo momento e, anzi, secondo alcune autrici, sarebbe meglio farlo una volta che si è iniziato il nuovo lavoro e ci si è, in qualche modo, rese indispensabili. Il fatto che siano previsti dei benefit in termini di tempo, che si possa lavorare anche al di fuori dell'ufficio, ci rivela anche qualcosa di più dell'azienda: se è una realtà che abbraccia il futuro o se è ancora legata ai canoni del passato.

LE ALTRE OPZIONI DISPONIBILI

Arriviamo alla fine: cos'altro dovresti considerare? In primo luogo, ovviamente, tutte le altre possibilità che hai. Ma anche quanto ti costerebbe esplorarle tutte, non da ultimo in termini di fatica (anche emotiva).

JOB TITLE E PRIORITÀ

L'ho detto e lo ripeto: in una società capitalistica, il valore del lavoro si misura con il prezzo. Ma non è tutto qui. Perché parte del riconoscimento passa anche attraverso il *job title*, ovvero la carica che ti viene affidata.

E allora, quando ti viene offerto un nuovo ruolo, o quando al contrario sei nella stessa posizione lavorativa da troppo tempo, come dovresti considerare il titolo che meriti? Come decidere se vale la pena di negoziare anche su quello? Ma voglio provare anche a ribaltare la domanda: come dovresti rispondere se il tuo capo ti offrisse una posizione più importante e prestigiosa, ma senza nessun aumento? (Se mi segui e mi leggi, questa risposta già la sai: se vogliono darti più responsabilità, bisogna che ti paghino di più!)

Allora, parlare di soldi è fondamentale, ed è del tutto sano e normale che, quando si accetta una nuova posizione o si cerca di ottenere una promozione, si tenda a concentrarsi sulla negoziazione dello stipendio. Ma anche il titolo professionale dovrebbe far parte dell'equazione ed essere considerato come un elemento del tuo pacchetto di contrattazione. Il *job title* offre status e connessioni che possono aiutarti a portare a termine il tuo lavoro nel migliore dei modi. Lo vediamo su LinkedIn, dove tantissime persone hanno titoli roboanti (e alcuni anche piuttosto singolari). Il fatto è che il titolo della tua posizione lavorativa ti apre potenzialmente a quello che chiamiamo capitale sociale. Con un titolo «alto» è più facile riuscire a entrare in alcuni network aziendali o professionali e, di conseguenza, poter entrare in contatto con alcune figure che possono impattare positivamente sulla tua carriera o sulla tua professione.

È una rappresentazione simbolica di ciò che fai e del valore che porti nel tuo contesto. Quindi, stabilito che anche questo elemento fa giustamente parte del tuo prezzo (nel senso più ampio del termine), ecco alcune idee su come procedere.

Per prima cosa, parti da te. Negoziare o rinegoziare il tuo titolo ti costringerà a fare un po' di «ricerca interiore». Perché vuoi un determinato *job title*? E perché pensi di meritarlo? Queste sono le basi su cui riflettere per capire se è il caso di farti avanti con la richiesta.

Se lavori nella stessa azienda da un po' di tempo, può darsi che il tuo ambito sia cambiato e le tue responsabilità siano aumentate, ma che invece il tuo titolo rimasto sia lo stesso. Detto in altri termini: lavori di più, con un titolo non adeguato ai tuoi compiti effettivi e di conseguenza vieni pagata meno di quanto dovresti. Ovviamente, se questo è il caso, preparati al meglio e vai a chiedere un adeguamento della tua posizione lavorativa!

Ma vale la pena contrattare per un nuovo *job title* anche nel caso in cui tu sia interessata a nuove opportunità di lavoro altrove. Mettersi alla ricerca dopo aver ottenuto una posizione migliore è infatti vantaggioso perché le potenziali nuove datrici di lavoro potrebbero considerare il tuo titolo come uno degli indicatori per capire quanti soldi guadagni e quindi quanto, a loro volta, dovrebbero offrirti.

Non è tutto. Potresti anche trovarti in un ambito nel quale senti di non riuscire a esprimere al meglio te stessa, magari in un settore in cui non ti ritrovi al cento per cento o con un ruolo che non rispecchia le tue ambizioni (altra parola chiave con accezione inspiegabilmente negativa, soprattutto quando si parla di donne: cerchiamo di usarla e di farla diventare invece sana e positiva). Se sei in questa condizione, negoziare il tuo titolo potrebbe essere un modo per modificare le tue responsabilità lavorative e quindi un'occasione per fare davvero ciò che ami. Insomma, può diventare un'opportunità per personalizzare maggiormente la mansione che svolgi (o quella che svolgerai) in base alle tue capacità e ai tuoi interessi.

Ma allora, cosa dovresti chiedere all'azienda? Qui si tratta di identificare un titolo specifico che rifletta accuratamente le tue competenze, le tue responsabilità e lo status che vuoi sia associato a te all'interno dell'organizzazione.

Per individuarlo, fai un giro su LinkedIn, esamina i titoli delle colleghe di diverse aziende e stabilisci quale tra questi ti farebbe sentire più apprezzata e valutata. Pensa al motivo per cui sei una figura efficace per l'azienda, senza perdere di vista ciò che è realistico ottenere nel contesto in cui agisci. Se hai intenzione di chiedere un titolo innovativo, assicurati che sia sempre associato anche a un equivalente più tradizionale. Ad esempio, se aspiri al titolo di «Chief Motivational Officer», il tuo biglietto da visita potrebbe indicare che sei anche «Responsabile delle risorse umane».

Infine ricorda sempre di definire bene le tue priorità. Rispetto allo stipendio o a un bonus, alle responsabilità lavorative, alle ferie e all'orario di lavoro, il *job title* dove si colloca?

Ti do un piccolo suggerimento: puoi mostrare alla tua capa (o comunque, alla persona che valuterà la tua richiesta) alcune ricerche che dimostrano il potere del titolo di lavoro nel dare nuova energia alle lavoratrici e sollevare il morale.

Ad esempio, uno studio condotto dalla Resolution Foundation nel Regno Unito dimostra che i *job title* che trasmettono uno status elevato spingono chi li possiede a migliorare sia le proprie prestazioni sia il comportamento al lavoro. Del resto, lo ha scritto anche il premio Nobel per l'economia John Harsanyi che, a parte i vantaggi economici, lo status sociale sembra essere l'incentivo più importante e la forza motivante del comportamento sociale.

Quindi, non c'è nessun buon motivo per non chiedere un *job title* che rispecchi te e il tuo lavoro.

SEI UNA LIBERA PROFESSIONISTA? CHIEDI (E OTTIENI) IL GIUSTO

Se sei una freelance, una *solopreneur*, una consulente, saprai bene che una delle decisioni più complicate e stressanti da prendere è proprio quantificare in un prezzo la propria esperienza, la propria competenza e il proprio tempo. La domanda che dovresti porti è: il tuo prezzo (ovvero, quanto vieni pagata per quello che fai) equivale al tuo valore?

Diciamocelo, però: «valore» è una parola incredibilmente abusata e fraintesa, che a seconda del contesto può assumere significati molto diversi. Per esempio, in genere le consumatrici associano il valore di ciò che comprano al suo prezzo. Come diceva mia nonna: «Chi più spende, meno spende», ovvero, se hai pagato tanto qualcosa indubbiamente è perché è di qualità superiore, durerà di più e quindi non sarai costretta a riacquistarla tanto presto.

Però una delle maggiori preoccupazioni delle libere professioniste è quella che le clienti pensino che stiamo esagerando, che pretendiamo troppo e, nella peggiore delle ipotesi (che però nella nostra mente è sempre presente), che per questo motivo corrano a scegliere qualcun'altra. Questo accade anche a causa delle nostre insicurezze. «Cosa c'è di così diverso nel mio prodotto o servizio?», «Valgo davvero quella cifra?», «Le altre professioniste sono sicuramente più capaci di me!».

In molti casi, la soluzione possibile ci sembra solo una: chiedere poco, pochissimo, quasi niente. Qualsiasi cosa pur di ottenere quell'incarico.

Eppure, se le tue capacità, la tua competenza e la tua esperienza nel settore possono giustificarlo, pretendere di più, chiedere un prezzo consono, è la cosa giusta da fare.

La verità è che lavorare in proprio, fare la professionista, la *solopreneur* o la freelance non è facile, ma quando ci riconosciamo un valore troppo basso è perché abbiamo paura. Come scrive però Dorie Clark nel suo bel libro, il cui titolo è mal tradotto in italiano *Imprenditore di te stesso* (in originale è *Entrepreneurial you*, più propriamente «Il te imprenditore»), applicare un prezzo equo è ciò che ti consente di creare valore nel lungo termine. Come puoi quindi fare questo salto e sentirti a tuo agio, semplicemente stabilendo un prezzo che sia adeguato a quanto realmente vali?

Inizia provando a costruire una tua consapevolezza attorno a quattro pilastri.

1. UN PREZZO TROPPO BASSO MANDA UN SEGNALE NEGATIVO

Conosciamo tutte il rischio di proporre un prezzo troppo elevato: non ottenere il lavoro. Ma svalutarsi può essere altrettanto pericoloso.

Come abbiamo già detto, il prezzo viene spesso considerato come un indicatore di qualità. Quando ci posizioniamo su una fascia bassa, il messaggio che mandiamo è che non siamo sicure del nostro valore. O, nel peggiore dei casi, che non abbiamo sufficiente valore, cioè capacità, competenze, esperienza. E questo, ovviamente, può rappresentare un'allerta importante per le potenziali clienti. Qualcuna magari deciderà di rivolgersi comunque a un'altra professionista, mentre qualcun'altra approfitterà con gioia della tua proposta, felicissima di poter avere ciò che desidera a cifre così basse. Questa seconda categoria di clienti in genere la riconosci perché accetta subito sfoderando un sorrisone.

2. PARLARE DI SOLDI È FONDAMENTALE (TI SUONA FAMILIARE? PURE A ME!)

Se ti confronti apertamente e serenamente riguardo alle tue quotazioni con colleghe fidate, puoi sviluppare una rete sicura con cui scambiarti informazioni attendibili. Ti è mai successo di parlare con una professionista del tuo settore e scoprire che, per lo stesso lavoro, lei chiede (e ottiene!) il doppio rispetto a te? Ecco, l'antidoto può essere tenere un confronto aperto con persone che fanno il tuo stesso mestiere e possono fornirti informazioni sincere sulle condizioni che ottengono. E questo ti aiuterà anche a sentirti meno in ansia quando proporrai un preventivo più alto.

3. FISSARE UN PREZZO PIÙ ALTO TI AIUTA A EVITARE IL *BURNOUT*

Con *burnout* intendo una condizione di forte stress permanente. Quando svalutiamo il nostro lavoro e chiediamo compensi troppo bassi, spesso per poter raggiungere un importo mensile complessivo che ci consenta di avere una vita dignitosa, succede che siamo costrette a cercare e accettare tanti lavori.

L'ideale sarebbe accettare meno incarichi, ma più retribuiti. Questo ti consentirà anche di lavorare meglio e quindi di consolidare il tuo posizionamento professionale. Non ci sono dubbi sul fatto che, quando dobbiamo svolgere tanti lavori diversi, a ciascuno di essi possiamo dedicare un tempo e un'energia mentale che sono limitati. Chiedere per il tuo lavoro un compenso «giusto» (quindi, fissare un prezzo adeguato) ti consente invece di dedicarti con più concentrazione e serenità a quello che stai facendo. E la qualità del tuo lavoro aumenta.

4. TESTARE GRADUALMENTE LA DOMANDA DI MERCATO

Ciò significa che puoi provare ad aumentare costantemente e in modo incrementale le tue tariffe finché non senti di guadagnare ciò che meriti. Se il tuo modello di business prevede che tu debba lavorare con diverse clienti, hai anche più opportunità per farlo e vedere quali sono le reazioni.

Facciamo un esempio concreto: qual è il prezzo del tuo lavoro? 1000 euro? Inizia a caricare un 10% in più e chiedi 1100 euro. Vedi come reagiscono le tue interlocutrici e, finché c'è margine per farlo, piano piano aumenta, fino ad arrivare a un prezzo che renda giustizia alle tue competenze e alle tue capacità.

Se a un certo punto inizi a incontrare resistenza da parte delle clienti, allora puoi pensare di fermarti o perfino di ridurre un po' le tue tariffe. Ma nel frattempo puoi agire su due fronti. Da un lato, creando altri flussi di reddito, come ad esempio accettando nuove clienti. Dall'altro, accrescendo la tua reputazione in qualche altro modo, con l'obiettivo di creare gli elementi per giustificare una tariffa più elevata. Qualche esempio? Potresti acquisire una cliente importante che ti dia lustro sul mercato o anche iniziare a scrivere per una pubblicazione conosciuta. Insomma, nel frattempo, consolidati.

Seguendo queste strategie ti stupirai: potresti ottenere proprio ciò che hai sempre voluto (e mangiarti le mani per tutte le volte in cui non l'hai fatto)!

Il discorso ovviamente vale anche se sei una lavoratrice dipendente: se pensi di meritare di più, fatti avanti e chiedi un aumento di stipendio. L'azienda potrebbe non dartelo di propria iniziativa, ma se riconosce il tuo valore sarà pronta a soddisfare la tua richiesta pur di non vederti andare via.

FISSA IL TUO PREZZO: UNA GUIDA PER PROFESSIONISTE E IMPRENDITRICI

Ora che hai capito che giocare al ribasso non ti conviene da nessun punto di vista, come puoi stabilire il prezzo del tuo bene o servizio?

Per prima cosa, qui occorre un super disclaimer: fare una guida pratica che si presti all'enorme varietà delle persone che stanno leggendo questo libro è impossibile. Ognuna opera in un certo settore, ognuna può avere più o meno esperienza, c'è chi vende beni e chi vende servizi, ci sono la dipendente, l'imprenditrice e la professionista. Questo è il motivo per cui, per rispondere a questa domanda, sarò generica.

Provo a partire dal principio, immaginando di rivolgermi a un'imprenditrice o anche a una professionista che sta per lanciare la propria attività.

Alcuni passaggi nel processo di individuazione del prezzo giusto possono essere condivisi. Vediamo quali.

1. SCOPRI I PREZZI DELLE ALTRE

Il tuo bene o il tuo servizio rispondono a un bisogno (auspicabilmente, altrimenti sarà difficile che qualcuna li acquisti!). Quindi, è indispensabile conoscere al meglio la tua domanda, ovvero le persone che sono interessate all'acquisto di ciò che offri.

Qui la questione è difficilissima: come fai a sapere quanto le persone pagherebbero per il tuo prodotto o servizio? Se sul mercato esiste già qualcosa di simile, è sufficiente che tu vada a vedere su che fascia di prezzo si colloca chi produce un bene o un servizio che assomiglia al tuo.

Ad esempio, se sei una commercialista basta che scopri quanto si fa pagare una tua collega per ogni servizio e il gioco è (più o meno) fatto. Più o meno perché ovviamente ci sono molte altre variabili da considerare: bisognerebbe trovare una collega che eserciti la professione nella tua stessa città e abbia esperienze e competenze assimilabili alle tue.

Stessa cosa per i beni. Se produci maglioni, ti sarà sufficiente fare un'indagine di mercato per stabilire il prezzo medio di un prodotto simile al tuo per qualità dei materiali, design e altri parametri (ad esempio, l'impegno nella sostenibilità sociale e ambientale?) per avere un'idea di massima del prezzo che potresti chiedere. Ovviamente in questo caso ci sono anche i costi di produzione da considerare.

Parallelamente, ci sono alcune domande che è il caso di porsi. Ad esempio: quante acquirenti potenziali ci sono, là fuori? Il bene o servizio che proponi è per loro indispensabile? Se non lo è, come può essere migliorato per andare ancora più incontro ai loro bisogni? Quale può essere la percentuale di persone che, potendo scegliere, preferirebbe proprio il tuo piuttosto che altri beni o servizi simili?

Attenzione: prendi come esempio solo realtà produttive o professionali floride, ovvero che funzionano e sono in crescita.

2. DELIMITA UNA FASCIA DI PREZZO COMPETITIVA

Un modo per stabilire una fascia di prezzo competitiva consiste nell'intervistare distributrici selezionate che abbiano una conoscenza sufficiente sia delle alternative già disponibili sia delle preferenze della clientela. In questo modo, potrai valutare al meglio quale fascia di prezzo sia adeguata per questo prodotto o servizio.

Potresti pensare che piuttosto sarebbe meglio rivolgersi alla potenziale cliente finale e chiedere direttamente: quanto pagheresti? Il problema è che spesso chi acquista non sa attribuire correttamente il prezzo. Magari non riesce neppure a cogliere bene sotto quali aspetti quello che offri tu sia diverso da quello che ha provato fino a questo momento.

3. FAI UN'INDAGINE SUI PREZZI DELLE ALTERNATIVE

Di solito l'acquirente può scegliere tra diverse alternative dello stesso servizio o prodotto. Per esempio, se ha bisogno di un cappello sul mercato troverà tantissime aziende produttrici. Se quello che le serve è una consulenza fiscale, può selezionare tra varie professioniste quella con cui pensa che si troverà meglio.

In molti casi, però, la cliente non ha tutte le informazioni per scegliere. Può capitare che usi come unico discrimine il prezzo, e non solo perché può avere una capacità d'acquisto limitata. Magari sceglie il prodotto o servizio più economico anche perché non le è chiara la differenza in termini di qualità rispetto a un altro. E questo fornisce anche a te un'informazione, perché il valore di quello che fai e di come ti differenzi da altre imprese o professioniste dovrebbe essere il più chiaro possibile alla clientela, in modo anche che tu possa eventualmente usare il prezzo come una leva per stimolare l'acquisto.

Molto spesso, le decisioni di consumo variano in base al prezzo. Questo concetto in economia è chiamato «elasticità della domanda rispetto al prezzo» ed è calcolabile attraverso una formula elaborata da Alfred Marshall. La legge fondamentale è che un prezzo più alto fa ridurre la quantità delle persone che acquistano. E questo è sempre vero.

Però ci sono alcuni beni o servizi che riteniamo superflui, per i quali il prezzo è davvero una leva fondamentale (in economia si dice che la domanda è «elastica»). Negli ultimi anni, per esempio, il prezzo dei biglietti aerei è tornato a salire (dopo più di dieci anni di prezzi molto bassi). E siccome l'acquisto di un biglietto aereo non è indispensabile (ma anche di questo potremmo discutere!) la quantità acquistata è andata via via decrescendo.

Al contrario, ci sono beni o servizi che consideriamo essenziali (la cui domanda si definisce «inelastica», ovvero poco sensibile alle variazioni di prezzo). Quando il loro prezzo varia, la quantità che ne acquistiamo non si modifica in misura proporzionale. Un esempio: negli ultimi due anni il prezzo del pane è aumentato, ma le vendite si sono ridotte di poco.

Tutto questo ti serve per capire come puoi «giocare» con il prezzo, anche in base al fatto che tu produca un bene o un servizio essenziale oppure no.

4. PUNTA SULLA FIDELIZZAZIONE

Uno dei primi passi per costruire relazioni a lungo termine con chi acquista i tuoi beni o servizi risiede nella capacità di convincerla a consumare di nuovo prodotti o servizi che ha già acquistato una volta, sapendo una cosa: che il fatto che utilizzi i prodotti per cui ha pagato è un buon indizio per capire se ripeterà l'acquisto oppure no. Facciamo qualche esempio concreto.

Per chi vende beni a sottoscrizione o ad abbonamento (palestre, teatri...) la fidelizzazione delle utenti è, ovviamente, essenziale. Ma sappiamo, purtroppo, quanto sia difficile mantenere le proprie clienti... Vediamo qualche dato: negli Stati Uniti, la maggior parte delle riviste registra tassi di rinnovo del 60% o meno. I centri benessere conservano solo il 50% dei loro membri ogni anno.

Ma se hai un'impresa o sei una professionista, come fai a fidelizzare la tua clientela?

Partiamo da un presupposto: è importante che chi acquista da te comprenda la qualità del tuo lavoro. Fai del tuo meglio per creare valore. Questa è, in assoluto, la strategia che paga di più per far sì che chi è diventata tua cliente una volta lo rimanga per sempre.

Anche in questo caso, la flessibilità paga.

A volte, ci sono congiunture macroeconomiche (il Paese è in crisi) o microeconomiche (le persone o le aziende tue clienti non se la stanno passando bene) per cui può darsi che tu riesca a vendere meno o a fatturare meno con quella cliente. Se puoi, prediligi la costruzione del rapporto sul lungo periodo. Se riesci ad avere altre entrate, prova ad abbassare poco i prezzi, pur di conservare una buona cliente nel tempo. Te ne sarà grata e potrà dimostrartelo quando la congiuntura negativa sarà passata.

In generale, quando devi decidere il prezzo di un prodotto o un servizio, puoi adottare una di queste due strategie: decidere di posizionarti su prezzi elevati e rivolgerti solo alla porzione più ricca del mercato, oppure prediligere una politica di prezzi bassi nel tentativo di raggiungere un maggior volume di potenziali clienti o consumatrici, pur sapendo che questo può esporti al rischio di entrate più basse.

Come puoi scegliere?

Partiamo da una considerazione: un prezzo elevato può aiutarti a scremare. È uno strumento efficace per suddividere il mercato in segmenti che differiscono per la loro sensibilità rispetto al prezzo e a rivolgerti automaticamente a quella porzione di mercato che ha denaro a sufficienza per poter acquistare il tuo bene o servizio. D'altro canto, soprattutto se hai un'impresa di beni, il processo di produzione comporta dei costi oggettivi che non puoi non tenere a mente e che devono comunque essere coperti dal prezzo applicato.

Le consumatrici però, si sa, sono attratte dai prezzi bassi. Quindi, se i tuoi conti lo consentono, puoi provare quello che si chiama *skimming price*: per un periodo limitato di tempo, fissa un prezzo più basso per attrarre nuove consumatrici e indurle ad acquistare il tuo bene. In questo caso, punterai tutto sulla qualità di quello che offri: se è alta, se incontra i loro gusti, torneranno ad acquistare da te anche una volta che avrai rialzato i prezzi e potranno anche farti da cassa di risonanza con le persone che conoscono.

IL MODELLO *PRICE*

Che tu sia una lavoratrice dipendente o una libera professionista, un altro strumento importante che può aiutarti a stabilire il tuo prezzo è quello elaborato dalla consulente aziendale Linda Lopeke. Si tratta di un modello (giustamente) denominato PRICE, ovvero «prezzo», parola che in questo caso funge anche da acronimo: ogni lettera è infatti l'iniziale di più termini, ognuno dei quali rappresenta uno dei parametri da tenere in considerazione.

L'abbiamo già detto, è chiaro: non è possibile immaginare una strategia che vada bene per tutte le persone. E abbiamo anche visto quanto spesso sia più facile sottostimare piuttosto che sovrastimare il proprio lavoro e le proprie capacità (soprattutto per le donne!).

Allora, proviamo ad applicare il modello PRICE, che ci suggerisce quali variabili dovremmo valutare, prima di fissare il prezzo del nostro lavoro.

P come pianificazione, produttività e performance.

R come riconoscimento pubblico, relazioni e reputazione.

I come influenza, intelligenza e impatto.

C come capacità, competenza e coerenza.

E come efficienza, efficacia ed eccellenza.

Ora, esamina i tuoi prezzi o il tuo stipendio attuali rispetto a questo quadro complessivo. Come ti sembrano? Riflettono il tuo valore e quello che riesci a portare alle tue clienti o, più in generale, sul tuo posto di lavoro?

Se ti sembra di sì, allora benissimo. In caso contrario, è ora di modificare il tuo prezzo!

Da dove puoi partire? Ovviamente, i prezzi a cui il tuo mercato di riferimento è abituato variano a seconda del settore, delle competenze richieste e dei servizi offerti. Ma in buona parte dipendono anche dalle tue caratteristiche, come abbiamo visto: dal tuo livello di esperienza, dalla tua competenza, dalla reputazione e dalla credibilità che sei riuscita a costruirti.

Per quanto riguarda l'esperienza, ecco delle linee guida da tenere come riferimento:

Principiante: 0-3 anni di esperienza
Intermedio: 3-6 anni di esperienza
Avanzato: 6-9 anni di esperienza
Esperto: 10+ anni di esperienza

Ovviamente, è possibile acquisire esperienza e diventare il punto di riferimento in un certo ambito anche in tempi diversi: ricorda che questa è solo un'indicazione di massima.

Così come lo è l'indicazione di basarti sui prezzi di figure professionali simili alla tua. Certo, servono a darti un'idea generica, ma loro non sono te. Tieni anche presente che, soprattutto nei servizi (soprattutto se si tratta di lavori culturali e intellettuali), c'è una costante corsa al ribasso. Spesso le professioniste fissano prezzi bassi perché non riconoscono il proprio valore, ma anche perché non ragionano dovutamente su quanto sarebbe giusto farsi pagare.

Il lavoro intellettuale stenta moltissimo a essere riconosciuto come un lavoro che, in quanto tale, deve essere retribuito. Molto spesso, le persone chiedono una grafica, un articolo, una consulenza, una lettera, uno sguardo al bilancio in maniera informale a persone più o meno amiche, senza contare che quello è lavoro.

A volte, a chi fa un lavoro intellettuale viene richiesto di lavorare gratis (o quasi). Alcune lo fanno.

E questo spinge al ribasso la media.

Gli errori qui sono moltissimi. Uno dei principali risiede nel pensare che la grafica al volo, la consulenza al volo, l'articolo al volo richiedano talmente poco tempo che non sia necessario prevedere alcuna retribuzione. A parte che non è vero, quello che si paga nel lavoro delle professioniste non è solo il tempo materiale necessario per svolgere un compito.

E questo devi capirlo tu per prima.

Non è giusto definire il valore del tuo lavoro solo in base alle ore che ti servono per svolgerlo. Per fissare il tuo prezzo è necessario che tu riconosca con lucidità tutti i tuoi punti di forza, ricordandoti che chi ti sceglie non compra solo il tuo tempo: compra i tuoi anni di esperienza, l'investimento che hai fatto nella tua formazione, le tue capacità e i tuoi talenti.

Insomma, tutto quello che fa di te, te.

Qualche altro punto da tenere in mente: quanto più il tuo lavoro è simile a quello che offrono molte altre persone tanto più sarà difficile fissare un prezzo alto. Ma se offri un servizio unico e complesso, se sei una professionista con molta esperienza, se hai uno specifico fattore competitivo (sei l'unica ad avere una determinata certificazione, sei una delle poche a trattare un tema molto settoriale e così via) allora il tuo prezzo deve necessariamente essere più alto. In generale, prova a fissare il tuo prezzo a un livello un po' più alto di quello che hai stabilito fino a ora e vedi come risponde la tua interlocutrice.

Considera anche che, in teoria, se sei un'imprenditrice o una libera professionista dovresti condurre un aggiornamento annuale del tuo tariffario, perché il tuo valore aumenta nel tempo e quindi anche i tuoi prezzi dovrebbero farlo. E che se sei una dipendente è giusto che ti venga riconosciuto regolarmente un certo aumento per la tua «anzianità di servizio».

Un'ultimissima cosa: non sentirti in colpa se hai un prezzo alto. Non importa quale sia il tuo lavoro: fai in modo che il prezzo che fissi rifletta accuratamente il valore, l'utilità e i benefici che garantisci. Separa i numeri dalle emozioni e tieni a mente una cosa importante: non puoi fare bene il tuo lavoro, qualunque esso sia, se non vieni remunerata adeguatamente. Rispetta te stessa, il tuo lavoro e il tuo tempo.

E lascia andare il senso di colpa.

I SOLDI NON SONO TUTTO

Ok, sto per dire qualcosa in cui, se già mi leggi, probabilmente non mi riconoscerai: non tutto è denaro. Nel 1974, Studs Terkel (scrittore, giornalista, premio Pulitzer per la saggistica nel 1985) scrive il libro *Working: People Talk About What They Do All Day and How They Feel About What They Do* (Lavoro: le persone parlano di quello che fanno tutto il giorno e come si sentono a farlo). Nell'introduzione afferma che, per motivare la lavoratrice media americana, il senso del lavoro che svolge ha lo stesso peso del compenso finanziario.

Cinquant'anni dopo, abbiamo accumulato tonnellate di letteratura scientifica che tendono a dare (almeno parzialmente) ragione alla posizione espressa da Terkel: dal nostro lavoro vogliamo qualcosa in più che la semplice retribuzione. In effetti, pare che la soddisfazione circa il proprio lavoro sia correlata solo debolmente con il compenso che si riceve. Anzi, alcuni studi dimostrano che siamo disposte ad accettare una retribuzione più bassa proprio per quei lavori ai quali riconosciamo un maggiore significato, che pensiamo possano fare la differenza anche come impatto positivo sulla società. Già nel 2011, del resto, un articolo su «Harvard Business Review» era titolato così: *Meaning Is the New Money*, ovvero «Il senso è il nuovo denaro».

Diciamo che fino a poco tempo fa, ogni azienda fondava la gestione delle risorse umane su due premesse. Una: più il tuo personale lavora, più significa che è produttivo. Due: se lo paghi di più, lavorerà di più.

Ma il mercato del lavoro è cambiato, oggi le persone cercano un senso nelle attività che svolgono quotidianamente.

Vogliono capire quale sia il contributo che apportano all'azienda a livello individuale, ma anche quale sia il processo al quale partecipano con il proprio lavoro. E vogliono lavorare in aziende con le quali sentono di condividere anche i valori. Se trovano un contesto così, non solo sono più produttive ma diventano anche il migliore biglietto da visita possibile per l'azienda: sono entusiaste, impegnate, si identificano orgogliosamente sia con la società che con il proprio lavoro.

Secondo una ricerca svolta da Better Up (una piattaforma che offre ad aziende e individui servizi di coaching per aiutarli a esprimere il loro massimo potenziale) su 2285 professioniste e professionisti americani, provenienti da 26 settori e con una vasta gamma di livelli retributivi, dimensioni aziendali e dati demografici, siamo di fronte a un fenomeno che forse ancora non abbiamo inquadrato per bene. Primo dato: più di 9 su 10 sono disposte a scambiare una percentuale dei propri guadagni per un lavoro che abbia più senso.

Ora, la domanda vera è questa: quanto vale tutto questo per ogni singola persona? Cioè: se potessi trovare un lavoro che ti offrisse un set di valori in cui ti riconosci appieno, a quanta parte del tuo stipendio saresti disposta a rinunciare?

I dati sono sorprendenti: le lavoratrici e i lavoratori americani intervistati hanno dichiarato che sarebbero disposti a rinunciare al 23% del loro stipendio pur di avere un lavoro in cui poter sempre riconoscere un senso. E la domanda immediatamente successiva è per l'azienda: che valore ha questo senso?

Ancora dati: le persone che attribuiscono molto senso al loro incarico lavorano un'ora in più alla settimana. Quindi, alle aziende conviene, quantomeno in termini di mera quantità di ore di lavoro. Ancora più importante, però, è che chi trova il proprio lavoro significativo sperimenta una soddisfazione lavorativa decisamente maggiore, che è notoriamente correlata con una maggiore produttività (e torniamo a un tema che abbiamo già visto).

Un ulteriore beneficio per le aziende è legato alla possibilità di trattenere i talenti. Dalla ricerca emerge infatti che le persone che ritengono il proprio lavoro altamente significativo hanno il 69% di probabilità in meno di pianificare di lasciarlo.

Perché questo, in effetti, oggi è un problema. Secondo il report 2023 di *Gallup State of the Global Workplace*, a livello mondiale solo il 23% delle persone occupate ritiene che il proprio lavoro abbia un senso. E questo è uno dei picchi positivi (ovvero, più elevati) degli ultimi periodi. Il livello di coinvolgimento (per quelle più brave: l'*engagement*) per il proprio incarico è elevato nell'intero continente americano, meno in quello africano, bassissimo nei Paesi europei. In Italia, a sentirsi *engaged* è solo il 13% della popolazione che lavora.

Per questo il 60% delle persone occupate nel mondo adotta quello che viene chiamato *quiet quitting*, ovvero una sorta di silenzioso disimpegno psicologico dal lavoro. Persone che si limitano a lavorare nei tempi e nei modi stabiliti dal contratto di lavoro, in pratica a fare il minimo indispensabile, poiché sono insoddisfatte o pensano che il loro ruolo all'interno dell'azienda sia inutile o comunque non venga adeguatamente riconosciuto. A mancare, in molti casi, è proprio il senso complessivo del lavoro che si svolge, ovvero il modo in cui le proprie attività quotidiane impattino sia sull'azienda che sulla collettività.

Il *quiet quitting* è un problema, in una prospettiva capitalistica, almeno per due ragioni. La prima: contraddice quel meccanismo di identificazione della persona con il proprio lavoro che si è andato consolidando e rafforzando negli ultimi anni, secondo cui in molti casi un individuo si definisce prioritariamente attraverso il lavoro che svolge più che attraverso una descrizione del tipo di persona che è. E questo totale coinvolgimento, l'identificazione della persona con la lavoratrice, è super funzionale al sistema, che ne ha bisogno per procedere oliato e senza intoppi.

In secondo luogo, è un problema di natura economica, perché, sempre secondo Gallup, il basso coinvolgimento delle lavoratrici e dei lavoratori costa all'economia mondiale 8,8 trilioni di dollari, ovvero il 9% del Pil globale.

Ma che sul mercato del lavoro com'è ora, sempre più senza orari né confini, qualcosa non stia funzionando, ormai appare evidente: a livello mondiale, il 44% delle lavoratrici e dei lavoratori intervistati ha affermato di aver sperimentato molto stress al lavoro il giorno precedente. E il 2022 è il secondo anno consecutivo in cui lo stress di chi lavora raggiunge livelli record. Arriviamo al punto chiave: questo è uno dei motivi per cui il 51% delle persone attualmente occupate ha dichiarato di essere alla ricerca di un nuovo lavoro. E indovina qual è il fattore di scelta che viene indicato in assoluto come il più importante?

Sì, proprio lui: l'aumento della retribuzione. Ma non è il solo: a contare sono anche (e finalmente) un miglioramento del benessere e le opportunità di crescita.

Non sono solo i bassi stipendi, quindi, a creare frustrazione e insoddisfazione: anche il fatto che spesso non sia chiaro se si possa crescere (e quanto) all'interno dell'azienda, che i meccanismi di progressione siano fumosi, o che le possibilità di avanzamento siano bloccate, magari da anni, non contribuisce certo all'impegno e all'adesione al 100% alla missione dell'azienda.

Infatti, i due principali oggetti di negoziazione sono proprio questi: la retribuzione e la progressione di carriera, separatamente o anche insieme. Non è secondario, perché spesso tendiamo a pensare alla nostra vita (anche) lavorativa in una prospettiva lineare: si inizia qui, poi si procede dritte verso lì, poi si approda sempre dritte al prossimo obiettivo.

In realtà, il primo passo da compiere è proprio abbandonare l'ideale (maschile, testosteronico e, come stiamo vedendo, scarsamente efficiente) della linearità. L'economia non è lineare, le traiettorie di crescita non sono lineari, non lo è la vita, men che meno quella lavorativa. Iniziamo, piuttosto, a immaginarcela come uno stagno con dei bei sassi comodi, raggiungibili con un passo, che si estendono in tutte le direzioni. Ogni pietra è un lavoro o un progetto raggiungibile e puoi muoverti in qualsiasi direzione tu voglia. Il trucco sta semplicemente nello spostarti verso le pietre che ti portano sempre più vicina a ciò che è importante per te. Non esiste un unico percorso, ma piuttosto un numero infinito di opzioni che possono traghettarti verso la tua realizzazione professionale.

Realizzazione che, secondo gli studi più recenti, si raggiunge attraverso tre elementi, che sono gli attributi principali di un lavoro appagante: appartenenza, consistenza e libertà (da raggiungere preferibilmente in quest'ordine).

APPARTENENZA

È quella legata a uno scopo più alto, una missione, una causa. Sentirsi parte del processo. Esattamente il contrario di ciò che porta al *quite quitting* e alle dimissioni di massa a cui stiamo assistendo in questi ultimi anni: aver ben chiaro qual è il proprio contributo non solo alla performance dell'azienda, ma anche al benessere della collettività.

CONSISTENZA

È la possibilità di affinare, di migliorare sempre di più le tue abilità e i tuoi talenti e di farlo anche sul lavoro. Ma ancora di più: di definire il tuo lavoro attraverso quello che sei tu. E non il contrario. Nella tradizione buddista, il lavoro ideale è quello che piace (bello), che è economicamente sicuro (che ti fa guadagnare) e che contribuisce alla società (che fa bene, a tutte). Ed è così che dovrebbe essere!

LIBERTÀ
Non è quello che vorremmo tutte? La possibilità di scegliere con chi lavorare, a quali progetti, dove e quando, e di essere pagate abbastanza per sostenere in modo responsabile lo stile di vita che desideriamo.

Perché rispettare l'ordine? Perché pare che le persone si realizzino più rapidamente quando danno priorità all'impatto che desiderano avere (appartenenza), poi capiscono quali abilità e talenti sviluppare per avere quell'impatto (consistenza) e infine «scambiano» quelle abilità con una retribuzione più elevata e maggiore flessibilità (libertà).

Ma perché ti sto dicendo tutto questo? Invece di una linea tesa, potresti provare a considerare la tua carriera come un quadro complesso e ricco di sfumature da dipingere un po' alla volta, come un esperimento grandioso, e non solo un modo per guadagnarti da vivere. È la tua occasione per scoprire per cosa sei qui e cosa ami, è uno dei mezzi che hai per migliorare il mondo in un modo che è importante per te. Goditi il viaggio, non arrenderti, non accontentarti. E punta in alto.

Non sempre è il momento giusto

Parlare di soldi va sempre bene, ma per lanciarsi in una nuova avventura imprenditoriale, per ottenere uno stipendio migliore o rinegoziare le proprie tariffe non sempre il momento è adatto. Se l'azienda non è pronta, se non hai analizzato bene il mercato o le competitor, se il Paese o la società per cui lavori stanno attraversando una fase congiunturale di crisi economica, ad esempio, è meglio aspettare. Per farti riconoscere il tuo valore, è infatti necessario analizzare anche tutti questi fattori, il contesto che ti circonda, e agire strategicamente.

Insomma: per lanciare il tuo prodotto o servizio, per presentarti sul mercato come professionista, per richiedere un aumento, devi aspettare il momento giusto.

PARTI DAI TUOI RISULTATI

A me piacerebbe poterti dire che si può sempre chiedere un aumento di stipendio, una posizione lavorativa migliore o nuovi benefit, ma purtroppo non è così. Quindi, prima di lanciarti nel magico mondo della contrattazione, è meglio che tu capisca bene se è il momento per farlo oppure no.

Ma partiamo da una considerazione di massima: cos'è la negoziazione? Anzi, cosa non è?

Prima di tutto, negoziare non è discutere. Negoziare significa interagire con la propria controparte, tenendo a mente quale sia l'obiettivo che si intende raggiungere.

Negoziare non è risolvere i conflitti, ma lavorare per evitarli. La negoziazione consente a persone che hanno interessi contrapposti di impegnarsi in un dialogo che porti a risultati reciprocamente vantaggiosi.

Negoziare non è manipolare. Piuttosto, è esplorare la motivazione reciproca. La manipolazione, al contrario, implica convincere qualcuna che hai ragione anche quando sai di avere torto.

Ancora, negoziare non è essere aggressive. Per la negoziazione è invece richiesta l'assertività, ovvero la capacità di essere preparata e pronta a chiedere quello che vuoi, ma anche l'essere dotata di un piano alternativo se non riesci a ottenerlo.

Negoziare non è trovare una soluzione rapida. Si tratta invece di un processo virtuoso che, alla fine, quando è stato portato avanti correttamente, lascia entrambe le parti con la sensazione di potersi fidare ancora l'una dell'altra.

Negoziare richiede tempo.

Ed è per questo che è bene approfondire la questione tempo, ma anche i fattori che possono aiutarti a preparare la tua negoziazione. Partiamo da alcune linee generali.

È preferibile negoziare quando puoi dimostrare di aver avuto un ottimo rendimento, quando hai raggiunto un obiettivo importante o quando è aumentato il valore che porti all'azienda. Insomma, per chiedere più soldi devi avere almeno un motivo valido. Facciamo qualche esempio concreto. Puoi negoziare il tuo stipendio quando:

- Ricevi un'offerta di lavoro da parte di un'altra azienda (in questo caso, hai già in mano il piano B che può essere un'ottima leva di contrattazione).

- Porti a termine un progetto importante (magari un lavoro enorme che ti impegna da mesi).
- Ottieni un risultato significativo e misurabile (hai acquisito una nuova cliente? Hai migliorato il clima del tuo gruppo e aumentato la performance complessiva?).
- Sei pronta a mostrare il tuo valore (una controparte intelligente nella negoziazione cerca di preoccuparsi soprattutto di ciò che sarai in grado di portare all'azienda nel lungo periodo, quindi puoi partire da qui: dall'illustrare il valore concreto che porterà il loro ulteriore investimento in te).
- Acquisisci una nuova competenza (per esempio consegui un master).

Ma ci sono anche altri motivi per cui potrebbe essere il momento giusto per negoziare. Ad esempio, se scopri di essere stata sottopagata rispetto alle tue colleghe o al livello medio del mercato per le tue competenze, devi negoziare. O se è passato troppo tempo dall'ultima volta che hai ricevuto un aumento o un bonus, ugualmente, preparati, prendi coraggio e vai a chiedere quello che meriti. Poi ci sono fattori legati alla tua vita personale: puoi dover negoziare se devi affrontare un aumento del costo della vita o se ti sei fatta carico di obblighi finanziari, come un mutuo.

Infine, ultimo caso: è il momento giusto per contrattare se sei pronta a lasciare la tua azienda. Se non ti trovi bene, se ti senti sottovalutata, se non vedi prospettive di crescita e, soprattutto, se sei nelle condizioni di poterlo fare. Un ulteriore elemento a tuo favore può essere proprio questo: sapere che, se l'esito non fosse quello che avresti sperato, potrai sempre girare i tacchi e andartene via.

Ma questo discorso significa che tutto dipende oggettivamente dalle tue prestazioni? Purtroppo no.

L'ANDAMENTO DELL'AZIENDA E DELL'ECONOMIA

Dopo aver analizzato te stessa, la tua situazione e le tue prospettive, passiamo a una visione più ampia.

Partiamo infatti da un presupposto fondamentale: non tutto è sotto il tuo controllo. La dura verità è che il fatto che tu ottenga o meno un aumento o una promozione potrebbe non avere proprio niente a che fare con te. Magari l'azienda vorrebbe tanto accontentarti ma non ha soldi. O magari è la situazione economica nazionale o addirittura globale a metterti i bastoni tra le ruote.

Cominciamo dall'azienda. Proprio come tu imposti dei limiti al tuo budget personale, così fa la tua società. Al suo interno ogni team di lavoro ha in dotazione un budget specifico per compensi o assunzioni. Se l'azienda ha raggiunto il limite massimo di persone che può assumere o quello del compenso che può pagare, potrebbe quindi essere necessario del tempo per promuovere qualcun'altra e farla salire nella gerarchia lavorativa anche se non c'è un posto vacante per quel ruolo. Ma a maggior ragione, se le possibilità che tu possa passare a un ruolo più importante sono poche e lontane, è importante che tu lo scopra in modo da poter prendere la decisione migliore per te.

Insomma, scegliere il momento giusto anche per l'azienda è fondamentale per concludere la negoziazione portando a casa il risultato che avevi sperato.

Studia bene l'azienda in cui lavori: in che modo viene valutato il lavoro che svolgi attualmente? Si prevedono opportunità per far crescere la tua funzione, o al contrario si prospetta la necessità di ridimensionarla?

Per garantire competitività ed equità, la maggior parte delle aziende, soprattutto se di dimensioni medio-grandi, stabilisce per ogni area una gerarchia di mansioni attraverso la quale si esprime la progressione di carriera del personale. Ad esempio, un team di marketing può avere diversi livelli, tra cui un'assistente specialista di marketing, una specialista di marketing associata, una responsabile marketing, una responsabile marketing senior e così via. A ciascuno di questi livelli viene assegnata un'esperienza, una competenza e una fascia di retribuzione in base agli attuali standard del settore.

Per ottenere una promozione o un aumento è quindi importante comprendere l'approccio della tua azienda al tuo ruolo specifico. Organizza un incontro con le risorse umane o la tua manager per capire meglio come funziona la gerarchia lavorativa. A che livello sei? Ci sono state progressioni di ruolo al tuo livello successivo negli ultimi cinque anni? Cerca anche di scoprire cosa deve cambiare, sia nelle tue prestazioni sia negli obiettivi dell'organizzazione, per poter passare al livello successivo della gerarchia. E adesso fai un ultimo sforzo: affronta un'analisi di contesto più generale.

Durante i periodi di boom, concludere accordi economici è relativamente facile. Durante una recessione, le cose cambiano. Girano meno soldi, le trattative diventano più difficili e la pressione aumenta.

In una fase di recessione, quindi, le negoziazioni di tipo economico devono essere fatte con maggiore attenzione, perché bisogna essere certe che l'accordo raggiunto porti effettivamente valore. E se vuoi portare avanti la tua richiesta, devi dotarti di una preparazione strategica ancora più forte (come fare? Lo vedremo nel prossimo capitolo!).

Ah, per una volta, c'è una buona notizia per le donne! Secondo uno studio recentemente pubblicato dall'istituto di ricerca americano National Bureau of Economic Research e condotto da Maria Recalde e Lise Vesterlund, quando affrontano una negoziazione le donne mostrano maggiore intelligenza emotiva. Cosa significa? Che mentre sia gli uomini sia le donne negoziano quando sono costretti a farlo, le donne tendono più degli uomini a evitarlo in quei casi in cui sanno che sarà difficile spuntarla e quindi che difficilmente ne trarranno beneficio.

Insomma, noi donne siamo più brave a scegliere il momento giusto!

NON ADESSO!

Nel primo paragrafo abbiamo visto quali condizioni potrebbero aiutarti a spuntarla nella contrattazione per ottenere un aumento di stipendio, cioè gli elementi che, dal tuo punto di vista, concorrono alla definizione di «momento giusto». Ma quando, invece, il momento è totalmente sbagliato? Anche in questo caso, ci sono alcuni elementi che puoi prendere in considerazione per capire quando è meglio non negoziare.

Non è il caso di negoziare se stai valutando se accettare un nuovo lavoro e, in prima battuta, hai acconsentito ai termini che ti hanno proposto: se hai dato l'impressione che avresti accettato la prima offerta, provare a fare marcia indietro e modificare i termini rischia di essere difficile. Proprio per questo, quando sei alla ricerca di un lavoro e stai vagliando diverse opzioni, cerca di non impegnarti in alcun modo. Non avere fretta di rispondere, prenditi il tuo tempo, ringrazia per l'offerta, ma di' pure che vorresti dormirci sopra.

Non è un buon momento nemmeno se hai già avviato una trattativa nell'azienda in cui lavori, ma ti è stato detto espressamente che non potrai ottenere nulla di più. Quando la tua interlocutrice sostiene di starti offrendo la cifra più alta che possa sostenere, è rischioso chiedere di più, a meno che tu non sia disposta ad andartene.

A queste due casistiche ne aggiungo un'altra: qualunque sia la tua situazione, non negoziare se ti senti eccessivamente a disagio nel farlo. Rafforzati, prima. Poi negozia.

I dati sono importanti, la congiuntura aziendale è importante, ma se davvero non te la senti, prendi ancora tempo per affinare la tua strategia. E niente sensi di colpa!

Ricordati che non sei la sola: sono numerosissime le persone che nelle trattative si sentono a disagio e che per questo le evitano. I motivi sono diversi. Uno dei principali è che la negoziazione richiede pazienza. La preparazione e la riflessione necessarie per affrontarla possono apparire come troppo impegnative. Ma prendersi il tempo per capire cosa motivi l'altra parte e cosa l'interlocutrice possa apprezzare è anche un esercizio di consapevolezza. Così come lo è il fatto di costruire soluzioni che soddisfino entrambe le parti.

Una seconda ragione per cui molte persone (soprattutto donne) evitano di negoziare è che la società ha insegnato loro di non farlo. Parecchie persone rimangono paralizzate di fronte alla sola ipotesi di poter ricevere un no perché lo vivrebbero come un fallimento. Ma un no è solo un no. Quando le mie figlie vengono da me per chiedermi qualcosa che magari è fuori dalle righe, se non posso accontentarle la mia risposta è: «No, ma brava per averci provato».

In generale, cerca di superare la paura di ricevere un diniego, perché «No» significa semplicemente che c'è ancora qualcosa di cui parlare. Senza considerare che ricevere questa risposta ti autorizza a chiedere «Perché no?» aprendo comunque la possibilità di trovare una soluzione reciprocamente soddisfacente.

Infine, tante persone evitano di negoziare perché nella propria mente elaborano ipotesi (che poi magari si rivelano infondate) su quello che la controparte potrebbe ritenere negoziabile (o meno). Un esempio su tutti: «La mia capa non mi concederebbe mai un aumento!». Ma la verità è che tu non puoi entrare nella testa delle altre persone, non puoi essere certa di sapere cosa pensano, né tantomeno puoi conoscere alla perfezione il budget che hanno a disposizione. Senza considerare che ciò che non era negoziabile in passato potrebbe esserlo adesso. Quindi, fatti avanti e provaci!

SCEGLI LE TUE BATTAGLIE

Che non si possa vincere sempre è una certezza che assumiamo sin da quando siamo piccole. E, se siamo persone consapevoli e non narcisiste patologiche, ce la portiamo con noi per tutta la vita. Questa consapevolezza ci aiuta a gestire le nostre energie, a capire quando vale la pena di spingerci un po' oltre e quando, invece, conviene lasciar stare.

Partiamo da un presupposto squisitamente economico: le risorse sono scarse. Tutte le risorse. Anche il nostro tempo, il nostro entusiasmo, il nostro impegno. Per questo motivo, è necessario utilizzarle in maniera intelligente.

Come abbiamo già visto, la negoziazione è un'attività che richiede tempo ed energia e anche se, nella maggior parte dei casi, la decisione stessa di negoziare è un atto virtuoso, dal momento che dobbiamo dosarci e non sovraccaricarci, ecco cinque elementi che ti aiuteranno a capire se in un determinato momento vale la pena che tu ti faccia carico di questo processo o se, per questa volta, invece è meglio lasciar stare, incamerare ancora informazioni ed energie e aspettare il momento giusto.

CAPISCI SE, IN QUESTA SITUAZIONE, SEI SUFFICIENTEMENTE SOLIDA

Prima di affrontare una negoziazione, cerca di valutare se la tua reputazione e la tua autorevolezza sono tali da consentirti di avere successo. Se hai dato prova di te stessa, del tuo impegno e del tuo valore, queste sono tutte carte che potrai mettere sul tavolo della negoziazione, sono tutti fattori che aumenteranno le tue probabilità di vedere le tue richieste soddisfatte. E non si tratta solo di competenze, ma anche di relazioni, come vedremo meglio all'ultimo punto.

ASSICURATI DI AVERE UN OBIETTIVO CHIARO

Sempre per quel principio di economicità fondamentale per cui non vale la pena imbarcarsi in attività faticose se sono perfino inutili, è il caso di avviare una contrattazione unicamente se hai ben chiaro quale sia l'esito costruttivo che vuoi raggiungere o anche solo il piano per svilupparne uno. Se non hai avuto modo di fissare, ad esempio, il tetto minimo e massimo del salario che per te è accettabile, dedica un po' di tempo alla preparazione della negoziazione prima di affrontarla.

SONDA IL TERRENO

Per chiederti se sia davvero arrivato il momento per avviare una negoziazione, per chiedere un aumento o una migliore posizione lavorativa, cerca di capire già internamente all'azienda che aria tira. Anche in via informale, prova a chiedere alle risorse umane se ci sono delle promozioni in vista, cerca di capire se il management ha dei nuovi input a cui rispondere e inizia a pensare a come potresti usare questo dato a tuo vantaggio.

TROVA ALLEATE

Nel lungo periodo, costruire rapporti sereni con le colleghe farà sì che le tue posizioni siano sostenute da un maggior numero di persone (senza considerare che questo ti consentirà di vivere una quotidianità più serena sul posto di lavoro).

La contrattazione non è una battaglia, ma è comunque un gioco di posizioni. Per questo motivo, trovare persone che ti sostengano, crearti una ciambella di supporto non può che esserti utile (come, in generale, lo è nella vita: è sempre più facile intraprendere qualcosa se hai delle persone attorno a te). Anzi, potendo scegliere e avendo il tempo per costruirla per bene, prova a cercare sostenitrici anche al di fuori della tua cerchia abituale. Questo ti aiuterà a dimostrare che godi di un ampio sostegno.

PUOI ANCHE FORZARE I TEMPI, MA...

Puoi provare ad aprire la negoziazione anche se sai che non è il momento giusto, ma devi essere consapevole del fatto che questo ti renderà più difficile ottenere il risultato che desideri. Allora, chiediti: ti senti meno valorizzata di quanto vorresti? Sei frustrata e questo intralcia il tuo lavoro?

Vale la pena forzare i tempi solo se per te la situazione è insostenibile e ti spingerebbe comunque a cercare alternative (come un altro lavoro). Insomma, in una situazione in cui o la va o la spacca!

L'INTERLOCUTRICE È QUELLA GIUSTA?

In questo capitolo ci stiamo dotando di una casetta degli attrezzi per capire quando è il caso di negoziare e quando no. Ma parte di questa decisione è legata a doppio filo a un altro elemento imprescindibile in ogni negoziazione: la controparte.

Chi è? Con che tipo di persona dovrai trattare? Perché se è vero che, in linea di massima, si può sempre tentare, è altrettanto vero, come stiamo vedendo, che ci sono alcuni elementi che renderanno la negoziazione più facile e, di conseguenza, il nostro obiettivo più agevolmente raggiungibile.

E allora, con quali persone non vale nemmeno la pena di avviarla, una negoziazione? E con chi invece trattare può essere molto faticoso, ma si può sempre provare a fare un tentativo?

Vediamo i profili principali.

L'EMOTIVA

Ora, in sé non c'è nulla di male a essere emotivi, ovviamente, ed è naturale che le persone provino forti emozioni (disagio, speranza, paura, a volte perfino rabbia) durante una trattativa. Fatto sta che gestire una contrattazione con una persona molto emotiva rischia di drenare le tue energie all'infinito. Anche perché, mentre di solito nel corso della negoziazione le emozioni pian piano si diluiscono, con l'emotiva questo non accade.

In questo caso puoi cercare di negoziare, ma tenendo a mente due *caveat*. Il primo: alcune persone usano le emozioni in modo strategico per influenzare l'altra parte e quindi per impattare sulle tue strategie e sulle tue risposte. Il secondo: riconosci l'emozione, aggiungila ai fattori da tenere in considerazione, ma non lasciare che ti impedisca di negoziare.

Può darsi, ad esempio, che tu debba contrattare con una persona che tende all'ira. Puoi ragionevolmente decidere di non volerci avere nulla a che fare (e questo è legittimissimo). Ma se a quell'aumento o a quella promozione tieni tanto, puoi anche cercare di integrare questo fattore nelle tue variabili, come un dato di fatto di fronte al quale prevedere alcune possibili risposte.

L'IRRAGIONEVOLE

È l'altro profilo a cui prestare particolare attenzione. E intendo proprio un profilo, cioè una persona che è irragionevole per sua natura e non semplicemente che non è d'accordo con la tua logica. L'irragionevole può non ascoltarti, pensare solo alla propria posizione e renderti la vita un inferno, per quel poco che la condividerai con lei. Allo stesso tempo, può anche darsi che l'irragionevole semplicemente veda problemi diversi, da prospettive diverse rispetto alle tue. Dalle una chance, prova a colmare il divario tra le vostre posizioni e a concludere l'accordo.

LA PROVOCATRICE

Sono sicura che ognuna di noi ne abbia almeno una in mente. La provocatrice, nella maggior parte dei casi, non è neppure davvero interessata all'esito della negoziazione. Vuole solo fare il suo spettacolo.

Ora, diciamoci la verità: un po' di gioco delle parti è normale. Da una parte si tira, dall'altra si cede, ognuna cerca di portare acqua al proprio mulino sapendo che, allo stesso tempo, per ottenere il risultato che si è posta dovrà cedere su qualcosa. Ma la provocatrice si contraddistingue perché, solo per partito preso, non si mostrerà mai soddisfatta della negoziazione. E questa è una forma di controllo che cerca di esercitare su di te. Con la provocatrice, la negoziazione diventa sfibrante e spesso inutile. E a volte, semplicemente non ne vale la pena.

LA GIUDICANTE

Anche con lei la negoziazione è spesso davvero impossibile. La giudicante si considera arbitra suprema dell'umanità. Divide le buone da una parte, le cattive (secondo lei, ovviamente) dall'altra e conduce la negoziazione con questo spirito.

Purtroppo, chi si comporta così semplicemente non è fatta per la negoziazione, non ne possiede la mentalità necessaria. La giudicante non l'affronta nello spirito di trovare una soluzione condivisa. Vi entra per premiare le giuste e punire le empie. E visto che tu siedi dall'altro lato del tavolo, è più facile che rientri nella seconda categoria che non nella prima! Se devi negoziare con lei, preparati a un processo faticoso.

In conclusione, se sei tu a poter decidere, investi in una negoziazione con persone con le quali sai di poter arrivare a una sintesi vantaggiosa per entrambe le parti: non sprecare energia con chi non capisce i meccanismi della contrattazione e la usa in maniera impropria. Anche la miglior negoziatrice al mondo non sarebbe in grado di raggiungere un risultato complessivamente vantaggioso con persone come queste. Nessuna tecnica o strategia potrà aiutarti in queste (auspicabilmente) rare situazioni. Ma allora, cosa puoi fare?

Essere realista: questo tipo di persone non cambia. Quindi, l'unica cosa che puoi fare è tirartene fuori, cercando di minimizzare le perdite.

In linea generale, fai il minor numero di concessioni possibili. Nella negoziazione servono a raggiungere il proprio scopo, ma in questi casi lo scopo non lo raggiungerai comunque: non sprecare il tuo tempo e le tue energie (e considera sempre tutte le alternative che hai a disposizione).

RIBALTIAMO LA PROSPETTIVA: QUAL È IL MOMENTO GIUSTO SE SEI TU «LA CAPA»?

Nella maggior parte dei casi, quando parliamo di negoziazione, affrontiamo l'argomento dalla prospettiva della persona che ha come interlocutrice la propria datrice di lavoro. Ma che succede se invece la capa sei tu?

La leadership di oggi, si sa, è molto diversa da quella di dieci, venti o trent'anni fa. Come si dice spesso, l'autorità ha fatto spazio all'autorevolezza. La capa che urla al suo personale non è più socialmente accettabile. E per fortuna (anche se questo non vuol dire che non accada ancora!).

Detto ciò, se sei tu alla guida di un gruppo e hai bisogno che i compiti vengano portati a termine, dovrai in qualche modo negoziare con le tue collaboratrici e di conseguenza capire quale sia il momento migliore per farlo.

Partiamo dalle situazioni nelle quali non puoi proprio fare altrimenti. Ad esempio, quando ti trovi di fronte a un obiettivo così importante che faresti qualsiasi cosa per raggiungerlo. Ecco: quel «qualsiasi cosa» si realizza attraverso la negoziazione. Insomma, in questo caso sei in qualche modo costretta a scendere a compromessi per ottenere il risultato che desideri.

Un altro caso in cui potresti considerare di negoziare è quando non condividere decisioni e responsabilità potrebbe avere conseguenze negative. Certo, tu sei la leader e questo ti mette nella posizione di poter prendere una decisione e trasmetterla al tuo gruppo, anche senza la necessità di condividere i vari aspetti del processo decisionale. Detto questo, una scelta fatta in fretta e in solitaria spesso non è la soluzione migliore, mentre aprirsi alle idee altrui rischia certamente di rallentare un po' il processo e obbligarti a mediare, ma spesso si rivela la strategia migliore e più efficiente. Senza considerare che potresti aver torto! In questo caso, anche se essendo la leader puoi agire in autonomia, la negoziazione ti offre l'opportunità di testare la forza delle tue idee e di apportare le modifiche necessarie attraverso un processo collaborativo.

Ancora, se pure sei la leader, sai che è opportuno negoziare quando con la tua controparte c'è un rapporto di fiducia che dura da anni. Si può trattare delle persone che lavorano per te, ma anche di una partner commerciale. Le relazioni a lungo termine si costruiscono sulla condivisione, sul fatto che la maggior parte delle decisioni sono appunto il risultato di una negoziazione da cui entrambe le parti escono rafforzate e soddisfatte. Se hai costruito un rapporto di questo tipo, basato sulla fiducia e sull'impegno, sarebbe sciocco indebolire l'altra parte per un piccolo guadagno temporaneo. Ti conviene continuare a cercare un accomodamento che, anche questa volta, faccia contente entrambe le parti. In questo caso, è sempre il momento di negoziare.

Invece, quando non è il momento giusto?

Ad esempio, quando c'è fretta. La negoziazione, ripetiamolo ancora una volta, oltre che impegno richiede tempo. Se sei chiamata a prendere una decisione rapida, e non c'è tempo per riunire le parti che saranno coinvolte dalle conseguenze di quella decisione, ti potresti trovare a dover esercitare la tua posizione di leader, andando avanti in autonomia e facendoti carico delle necessarie responsabilità. Se poi la decisione non dovesse incontrare il favore di tutte le parti coinvolte, puoi sempre avviare una negoziazione a posteriori per cercare di migliorare la situazione per quanto ti è possibile.

Ma la negoziazione può essere sconsigliabile anche quando capisci che non esiste proprio un terreno comune dal quale partire. Se le parti coinvolte non hanno interessi convergenti, da leader puoi ragionevolmente chiederti quale sia lo scopo della negoziazione: perché imbarcarsi in un'attività che è comunque faticosa? In questi casi, potresti anche decidere di risparmiare tempo ed energie.

Un'altra circostanza nella quale, se sei leader, non vale la pena di negoziare? Quando la posta in gioco è troppo bassa. In questi casi, puoi semplicemente scegliere di cedere alle richieste dell'altra parte. Con un effetto collaterale non banale: permettendo all'altra parte di avere ciò che desidera subito e senza aprire una trattativa, mandi un segnale distensivo. Anche se può sembrare che tu stia capitolando, in realtà stai costruendo una relazione in una prospettiva strategica verso il futuro.

Infine, può non essere il momento di contrattare se non vuoi dare una legittimazione alla controparte. Quando, in qualità di leader, entri in una trattativa, in qualche modo ammetti che la tua controparte ha qualcosa che tu desideri, o comunque di cui hai bisogno. In alcuni casi, quando vuoi ridimensionare la tua interlocutrice, non negoziare è una decisione strategica, che manda un segnale che può essere anche più forte ed efficace.

A parte in questi casi specifici, però, se come leader tieni particolarmente a una questione, se sei interessata a promuovere una relazione positiva a lungo termine e se non farlo rischia di essere troppo costoso, allora è meglio che tu decida di negoziare.

E SE SEI L'IMPRENDITRICE E NON È IL MOMENTO GIUSTO PER DARE L'AUMENTO?

Chiedere un aumento o una promozione e sentirsi dire che non è il momento giusto di certo non è bello.

Ma non lo è neppure, per chi ha un briciolo di umanità, sedere dall'altro lato del tavolo e dire alla persona che si ha di fronte che in questo momento non ci sono margini di contrattazione. Quindi, se ti trovi in una situazione del genere, come puoi affrontare al meglio questo momento un po' doloroso e un po' imbarazzante? Insomma, detto in altri termini, qual è il modo migliore per dare una brutta notizia? Cosa puoi dire per assicurarti che la persona che lavora con te non perda interesse o non inizi a covare rancore nei tuoi confronti?

Inizia da questo: non procrastinare e pianifica bene cosa vuoi dire e come lo vuoi dire (ma anche cosa non vorresti dire!). Vale sempre il vecchio consiglio di scrivere i tuoi pensieri su un foglio e di provare a leggerli ad alta voce. Quando devi dare una brutta notizia, il tuo cervello tende a non funzionare in modo ottimale: non vedi l'ora che la conversazione finisca, puoi diventare confusa e inefficace. Ripetere a voce alta ciò che intendi dire ti aiuterà a sentirti più sicura.

Ma soprattutto, non aspettare troppo a lungo prima di affrontare il discorso: è crudele e rischia di incrinare il rapporto di fiducia e il rispetto che invece dovrebbero essere alla base di ogni relazione, incluse quelle di lavoro. Quindi evita i giri di parole, preparati e cerca di essere il più trasparente possibile. Spiega come è stata presa la decisione, dando tutte le informazioni che possono essere utili alla tua interlocutrice. Descrivi il contesto organizzativo all'interno del quale questa decisione è maturata (il fatturato magari è in calo o, nell'ultimo periodo, sono stati concessi aumenti a tante altre persone e non sei nella condizione di farlo di nuovo). E presta attenzione a un passaggio che è tutto fuorché formale: condividi con la persona che hai di fronte ogni elemento che hai a disposizione per dimostrarle che si è trattato di una decisione equa e che non sta subendo alcun tipo di ingiustizia o discriminazione (ovviamente, partendo dal presupposto che sia questo il caso!).

Un altro aspetto imprescindibile (e chi mi legge di solito sa quanto questo sia un tema per me centrale): mostra empatia. Chi ti sta seduta davanti è in un momento delicato perché sta ricevendo un rifiuto. Bisogna certamente fornirle delle informazioni tecniche, ma se lo fai senza empatia potrà sentirsi trattata come un numero e questo non è un bene per nessuna. In primo luogo per lei, che potrà sentirsi sottovalutata e potrà pensare che i suoi sforzi lavorativi siano stati messi in secondo piano e che il suo impegno non sia stato notato. Ma anche per la tua azienda, che per crescere ha bisogno di costruire fiducia e non di creare frustrazione.

È quindi fondamentale che la persona che sta ricevendo un no sappia di essere comunque una parte preziosa e importante dell'organizzazione. È necessario per evitare che la paranoia si insinui in lei. Per questo, accanto alle ragioni della tua impossibilità a darle un aumento, parlale anche di ciò che apprezzi del suo lavoro, essendo chiara e specifica. Se possibile, spiegale cosa può fare e quali sono le condizioni necessarie perché la sua richiesta possa essere accolta in futuro, ma senza esagerare, evitando cioè di vendere cose che non sei sicura che potrai fare.

In ogni caso evita di dare alla persona un feedback negativo, di mettere in evidenza le sue carenze. Piuttosto, consigliale quali siano gli aspetti su cui può lavorare per poter crescere ulteriormente e ritentare in futuro di ottenere questo aumento. Non deve diventare una critica e neppure un momento di revisione complessiva: è un tema che si può accennare, ma sul quale sarà poi necessario ragionare e aggiornarsi, dedicandogli un momento specifico in un'altra occasione.

Soprattutto, come dicevamo, non andare in overcompensazione! Cosa intendo? Magari ti senti dispiaciuta per non poter accogliere la sua richiesta, può darsi anche che si affacci quello strisciante senso di colpa. E lo sappiamo tutte quanto rischi di farci commettere errori che non possono che peggiorare le cose! Allora, la regola numero uno in questo momento è: non fare promesse eccessive.

Anche se hai la tentazione di ammorbidire la brutta notizia, non creare delle aspettative se non sei assolutamente sicura che in futuro potrai mantenerle. Lo so, lo so che vorresti rassicurare la persona a cui hai appena detto no con una frase del tipo: «La prossima volta otterrai l'aumento». Ma la verità è che tu non sai cosa riserva il futuro a te, alla tua azienda e figuriamoci all'economia mondiale. Se prometti e poi, per i più svariati motivi, non sei in grado di mantenere la parola data, allora sì che rischi seriamente di creare una rottura con questa persona. Lascia stare, resisti all'impulso. Costruite insieme il percorso più facile perché ciò possa avvenire, ma senza che tu prenda impegni a cui rischi di non poter dare seguito.

Ultimissimo spunto: non scomparire. Tieni presente che anche se la persona a cui hai dovuto negare l'aumento ha reagito con calma e comprensione alla brutta notizia, questa potrebbe non essere necessariamente la sua vera reazione, soprattutto nel medio periodo. Magari è un filo sotto shock, sicuramente può aver bisogno di un po' di tempo per elaborare. Potrebbe cambiare idea nel momento in cui ne parla con un'amica o in famiglia. Potrebbe sentirsi messa da parte e covare del turbamento.

Certo, è chiaro che tu non puoi farti carico di tutto, ma almeno in parte puoi contribuire al benessere di questa persona. Magari organizza una serie di ulteriori incontri per darle nuovi feedback, forniscile una guida su come procedere nel suo sviluppo professionale, aiutala insomma a mantenere il proprio focus sul futuro in modo che non perda la motivazione e l'interesse per il lavoro che svolge oggi.

È ora di negoziare!

Una volta che hai ben chiaro quali sono i tuoi obiettivi, che hai raccolto tutti i dati e stabilito che è il momento giusto, non ti resta che farti avanti e avviare la negoziazione vera e propria con la tua datrice di lavoro, se sei una lavoratrice dipendente, ma anche con una cliente se sei imprenditrice o libera professionista. Ma come si fa? Di quante fasi è composta una negoziazione? E cosa ti serve sapere prima di sederti al tavolo e cominciare?

In parte lo abbiamo già visto nei capitoli precedenti, ma ora vedremo insieme come usare tutte le informazioni raccolte finora.

È vero, se sei donna, negoziare per te potrà essere un po' più difficile, lo abbiamo detto. Ma se sei arrivata fin qui e hai ancora un po' di timore, ricorda che stai compiendo un atto rivoluzionario: parli di soldi, chiedi un aumento, ribalti le aspettative nei tuoi confronti, fai la tua parte per smantellare il patriarcato!

PREPARATI PER LA NEGOZIAZIONE

Ora, non sarà bello dirlo così, ma la prima cosa da fare per sostenere una buona negoziazione è prepararti conoscendo quale sarà il punto in cui potresti alzarti e mollare tutto. Poi, solo poi, inizi a costruire le variabili con cui puoi lavorare durante la negoziazione. Questo per un aspetto fondamentale: qualunque sia l'oggetto della negoziazione, devi avere una via d'uscita che di solito è data da una sintesi, da una combinazione di prezzo, termini e risultati ottenuti che rappresenti il minimo che tu possa accettare. Questa sarà la tua *road map* negoziale.

E poi ricorda che maggiore è il numero delle variabili su cui sei disposta a negoziare, più numerose sono le opzioni che ti sei data, maggiori saranno le tue possibilità di chiudere una buona negoziazione.

Detto ciò, iniziamo con qualche consiglio pratico molto generico, prima di entrare nel dettaglio.

1. *Quando sei sotto attacco, ascolta.* In generale, raccogli quante più informazioni possibili dalla tua controparte. Quando si sente sotto attacco, la risposta naturale della maggior parte delle persone è difendersi o contrattaccare, ma in entrambi i casi rischi di ottenere il contrario di quello che vorresti. Metterti in ascolto ti consente, invece, di capire cosa vuole la persona che ti siede di fronte e quali sono le sue paure. Inoltre ti lascia il tempo per pensare a una controproposta che possa rendere felici e soddisfatte entrambe le parti, almeno per tre buone ragioni. Prima: le nuove informazioni possono aumentare lo spazio di movimento e il numero di variabili. Seconda: ascoltare senza passare al contrattacco aiuta a disinnescare la rabbia. Terza: se ascolti, non stai facendo concessioni.
2. *Prendi nota.* Ok, rischierai di fare un po' la figura della nerd, ma tenere traccia delle questioni che richiedono ulteriori approfondimenti può essere davvero importante. Ti consente di fissare eventuali contraddizioni e di non perdere di vista progressi e nodi problematici su cui, volendo, potrai tornare nel corso della contrattazione (ti faccio un esempio tra pochissimo).

3. *Parla apertamente delle tue esigenze.* Solo se la controparte avrà ben chiaro quali sono le tue richieste potrai ottenerle. Esprimi chiaramente cosa vuoi, su cosa sei disposta a trattare e quali sono i punti fermi.
4. Ci torneremo, ma anticipiamolo: *accetta una soluzione solo dopo che sarai assolutamente certa che possa funzionare per entrambe le parti.*
5. *Conserva le questioni più difficili per ultime.* Quando hai molti punti da negoziare, non iniziare con quelli più difficili. Risolvere problemi relativamente facili crea slancio e fiducia reciproca e queste sono ottime basi per procedere con la negoziazione su tematiche più spinose o per le quali sai già che raggiungere un accordo potrà essere più complicato.
6. *Chiacchiera un po'.* Non affrettarti, prenditi il tempo per presentarti e conoscere la tua interlocutrice. Non è una perdita di tempo: è spesso un modo per ottenere informazioni sulla controparte che potranno tornarti utili in seguito. Uno studio dell'Università di Stanford di qualche anno fa ha diviso tutta la popolazione iscritta in due gruppi. A uno dei due gruppi è stato detto di fare due chiacchiere con la controparte prima di una negoziazione. Questo gruppo è uscito dalla trattativa con un accordo migliore rispetto a quello composto da coloro che non avevano ricevuto questa istruzione.
7. *Sii creativa.* Immagina la negoziazione non come una discussione tra parti che hanno visioni diverse, ma come un momento di risoluzione congiunta dei problemi, di sintesi tra i tuoi interessi e quelli della tua interlocutrice.
8. *Punta sul «noi» (piuttosto che sull'«io»).* Evidenzia ciò che avete in comune, sottolinea le aree di accordo, sii consapevole di ciò che potrebbe attirare la controparte in modo costruttivo. E se la negoziazione raggiunge

una fase di stallo, approfittane per fare una pausa e riassumere ciò che avete già concordato (hai preso appunti anche per questo!).

9. *Sii empatica*. Non necessariamente le posizioni della controparte sono contro di te: magari il budget è davvero stato tagliato o ci sono obiettivi stringenti da raggiungere in tempi brevi e non è possibile accettare le tue richieste. Prova a vedere il problema con gli occhi della persona che ti sta seduta di fronte.

PER PRIMA COSA, PRESENTATI E STRINGI LA MANO

Ok, questo ha davvero poco a che fare con l'economia, ma qui conta il risultato, e l'obiettivo di questo capitolo è far sì che tu metta in campo tutti gli strumenti che possano farti ottenere ciò che vuoi e che è giusto che tu ottenga.

Le negoziazioni, l'abbiamo visto e lo vedremo, richiedono riflessione e preparazione a entrambi i lati del tavolo delle trattative. Le informazioni da processare sono tante e gli input anche. In molti casi, a contare sono anche le prime impressioni, che si ottengono in modo estremamente rapido. Quindi i minuti iniziali della contrattazione, quelli in cui devi chiarire chi sei, possono contribuire a creare un'immagine di te che ti aiuterà a raggiungere i tuoi obiettivi.

Secondo le neuroscienze, ci bastano 100 millisecondi per formarci un giudizio sulle altre persone e sulla loro simpatia, affidabilità, competenza e aggressività. E volete sapere una cosa? I dati ci dimostrano che le prime impressioni sono generalmente accurate e affidabili. Ad esempio, è stato dimostrato che quelle che riguardano la competenza di una persona vengono poi spesso confermate dai risultati che riesce a conseguire.

Io sono la tipica persona che, quando arriva il momento delle presentazioni, si perde nei dettagli: osservo, acquisisco informazioni sull'altra persona guardando magari come si muove, com'è vestita, cosa mi trasmettono i suoi occhi. Talmente tanto che però mi lascio sfuggire il nome. Sempre. Cioè, proprio ogni singola volta.

Ma anche per chi non ha i miei stessi problemi, quello della presentazione può essere un momento stressante: tutte ti guardano, è facile sbagliare. Eppure, non se ne può fare a meno.

Partiamo quindi dalla primissima cosa che in genere si fa in queste occasioni: la stretta di mano. Ebbene, sappi che anche questo gesto è un veicolo di informazioni. In uno studio pubblicato dal National Library of Medicine del governo statunitense e svolto su 112 partecipanti, è stato verificato che effettivamente il modo in cui le persone ci stringono la mano fornisce informazioni sulla loro personalità e influenza la prima impressione che ci facciamo su di loro. Ad esempio, una stretta di mano decisa viene associata a un carattere estroverso e a una buona espressività emotiva. E anche all'apertura nei confronti di nuove esperienze, ma solo nel caso si tratti di donne. I risultati suggeriscono inoltre che una stretta di mano decisa può essere una forma efficace di autopromozione proprio per le donne (pare che la maggior parte delle persone non se lo aspetti, da una donna).

Una ricerca dell'American Psychological Association condotta su 98 persone conferma quanto sia importante, soprattutto per le donne, una buona stretta di mano ai colloqui di lavoro. Per fare una bella impressione e aumentare la possibilità di essere assunte, dare una stretta di mano energica aiuta.

In particolare, la stretta di mano può essere utile nelle negoziazioni. Ti cito un ultimo studio pubblicato dal Social Science Research Network, il quale dimostra che noi esseri umani utilizziamo anche il linguaggio non verbale per determinare se agire in modo cooperativo o antagonistico quando negoziamo. Le strette di mano, nello specifico, sono considerate un segnale di cooperazione che mette le persone a proprio agio e che quindi contribuisce al raggiungimento di accordi favorevoli.

Ora che conosci l'importanza di una stretta di mano perfetta, passiamo quindi al momento della presentazione vera e propria. Per farne una efficace e che lasci il segno, puoi provare a usare una cornice temporale che si snodi lungo tre assi: presente, passato e futuro.

Iniziare dal presente ti dà la possibilità di spiegare subito chi sei tu ora, in questa fase della tua vita. Naturalmente, ciò che condividi dipenderà dalla situazione in cui ti trovi e dalle persone che hai di fronte. Se non sei sicura di cosa parlare, sappi che il tuo nome e la tua qualifica professionale sono sempre un ottimo punto di partenza: comincia col dire chi sei e di cosa ti occupi. Semplicemente. Se invece hai l'opportunità di approfondire, puoi anche condividere altri dettagli, per esempio parlare di un progetto su cui stai lavorando in questo momento o di qualche dettaglio personale, come di un tuo hobby o della tua famiglia (i dettagli personali creano empatia).

Solo in seconda battuta, introduci il passato. Puoi aggiungere due o tre punti che forniranno alle persone dettagli rilevanti sul tuo background. Raccontando bene il passato, costruisci la tua credibilità. Parla sicuramente della tua formazione, dei progetti che hai già portato a compimento. Puoi snocciolare informazioni sulle aziende o sulle persone con cui hai lavorato e anche darti qualche aria condividendo i tuoi migliori risultati.

Infine, il futuro. Questa è la parte in cui spiegare perché tieni tanto all'aumento o alla promozione che speri di ottenere. Se sei a un colloquio di lavoro, puoi condividere il tuo entusiasmo per le opportunità offerte dall'azienda e per l'incarico che andresti a ricoprire. Se stai cercando di conquistare una nuova cliente, puoi mostrare il tuo desiderio di iniziare a lavorare per lei.

Se preparerai il tuo discorso basandoti su questo approccio, non solo ti presenterai al meglio, ma quando arriverà il fatidico momento eviterai anche di rimuginare su ciò che devi dire e potrai invece ascoltare con attenzione le presentazioni di chi hai di fronte (insomma, non ti perderai i loro nomi come faccio io!).

ENTRIAMO NEL VIVO: COME CHIEDERE UN AUMENTO O UNA PROMOZIONE

Il momento in cui si inizia una negoziazione per chiedere una promozione è emozionante. Stimola il desiderio di assumerti più responsabilità, di passare al gradino successivo della tua carriera, di procedere a grandi passi verso la tua realizzazione lavorativa. E, ovviamente, di guadagnare di più.

Abbiamo capito che, per uscire soddisfatta da una negoziazione, non è sufficiente svolgere adeguatamente il proprio lavoro. Che spesso, anche se sei una persona che lavora bene, che prende l'iniziativa e raggiunge i propri obiettivi, devi comunque convincere la tua manager che tu quell'aumento te lo meriti. E per farlo, hai bisogno di una strategia.

Vediamola passo per passo.

Le promozioni non avvengono da un giorno all'altro: a volte possono volerci mesi per costruire al meglio tutte le motivazioni per cui è giusto che tu le ottenga. Innanzitutto, se nella tua azienda si fanno revisioni annuali delle prestazioni, acquisisci informazioni su ciò che ti sarebbe necessario per passare al livello successivo della tua carriera.

Poi pianifica una conversazione iniziale con la tua capa tra i sei e i nove mesi prima di avviare la tua negoziazione.

Ma come si avvia una conversazione per chiedere una promozione o un aumento? Puoi iniziare semplicemente dicendo qualcosa del tipo: «Sento di aver soddisfatto tutte le aspettative che ci siamo prefissate insieme e sono felice di contribuire e avere un impatto sul buon andamento dell'azienda. Mi piacerebbe capire con il tuo aiuto come posso assumermi maggiori responsabilità e accedere al livello successivo della mia carriera». Una volta che avrai raggiunto un obiettivo importante tra quelli concordati, e che avrai anche ricevuto una valutazione per questo lavoro, potrai tornare alla carica e dare il via alla negoziazione.

Potrà sembrarti assurdo, ma non è detto che la tua capa conosca i tuoi successi o anche solo le tue abilità e capacità. Questo significa che sarà meglio che tu ti prepari a presentargliele tutte. Ma dal momento che non contrattiamo ogni giorno, e su questo momento proiettiamo aspettative e aspirazioni, essere un po' nervose è normale. E quando siamo agitate, è più facile dimenticare qualcosa. Quindi è davvero importante che tu ti presenti alla negoziazione con una documentazione completa di ogni tua grande e piccola vittoria.

Come abbiamo visto, questa documentazione va costruita nel tempo. Puoi creare una cartella sul desktop del tuo computer in cui raccogliere i tuoi «successi». Mettici tutto: anche i messaggi di ringraziamento ricevuti da colleghe o clienti. Ovviamente, le basi sono i dati, quindi assicurati di includere anche tutte le evidenze, le mail, i fogli excel e i documenti che possono dimostrare i tuoi risultati.

Dotati di tutti gli strumenti a tuo favore. Quindi, non solo dati, ma qualsiasi tua caratteristica che possa convincere la tua interlocutrice che non può vivere senza concederti quell'aumento. Comprese le *soft skill.* Stiamo parlando di tutte quelle competenze non tecniche che dimostrano la tua capacità di lavorare bene con le altre persone, di risolvere le situazioni problematiche e di gestire la complessità. La figura della leader gentile sta ormai soppiantando quella del padre padrone (e per fortuna). Le aziende stanno comprendendo che il terrore scatenato dal passo marziale del capo nei corridoi è economicamente poco efficace e genera meno impegno tra il personale, mentre una leader gentile, che guida con apertura e autenticità, loda il lavoro ben fatto, valorizza le persone e dà loro fiducia migliora le performance aziendali. Questi sono tratti distintivi che vengono giustamente valutati sempre di più in ambito aziendale e possono essere fondamentali per la tua crescita professionale. Puoi anche appuntarti esempi concreti che mettano in luce quando hai saputo usare queste tue caratteristiche e condividerli durante la trattativa.

Disclaimer: non tutti i posti di lavoro hanno ancora adottato questo stile di leadership. Come ho già detto, infatti, in Italia circa il 90% delle imprese è a conduzione familiare, e spesso in questi contesti i sistemi manageriali e di valutazione sono rimasti quelli muscolari degli anni Novanta, e lo spazio per nuove forme di leadership non si è ancora creato.

Quindi per prima cosa cerca di capire quali siano i valori che vengono valutati di più all'interno della tua azienda.

Abbiamo già visto che chiedere un feedback alle colleghe, alle tue cape o alle clienti può aiutarti a mettere a fuoco i tuoi punti di forza. Questo è il momento di usare i feedback che hai raccolto. Conoscere i tuoi punti di forza e di debolezza prima di iniziare la contrattazione con la tua capa ti aiuterà non solo a ribattere a sue eventuali osservazioni, ma anche a giocare d'anticipo rispetto ai tuoi punti deboli, suggerendo alla tua interlocutrice in quale modo hai pensato di migliorarti.

Prova ad aiutare chi deve valutarti a rispondere a questa domanda: perché proprio te?

Insomma, siamo arrivate al nodo cruciale: vuoi dire alla tua capa che meriti davvero questa promozione o questo aumento. Giusto, giustissimo. Ricordati di tenere a mente il quadro più ampio, rimarcando come i tuoi risultati abbiano aiutato il team e l'azienda in generale a raggiungere i loro obiettivi collettivi. Come abbiamo visto, il «noi» tende a vincere sull'«io», quindi evita una narrazione egoistica. E cerca di adottare questo approccio rivolgendoti non solo al passato, ovvero raccontando i risultati conseguiti e il tuo impatto, ma anche al futuro: sottolinea quanto le tue competenze potranno essere indispensabili per i prossimi obiettivi strategici dell'azienda.

Perché, diciamocelo chiaramente, per chiedere un aumento dovrai un po' autoincensarti. L'importante è farlo nel modo giusto, ovvero non in maniera generica. Attieniti a fatti che puoi documentare e fornisci esempi pratici che dimostrino le tue prestazioni eccezionali.

Se stai contrattando anche per una promozione, oltre che per un aumento di retribuzione, puoi anche tenere pronta una tabella di marcia per la tua successione. Uno dei problemi di chi dovrà valutarti può infatti essere proprio questo: ma se facciamo progredire lei, chi mettiamo poi al suo posto? Ecco, questo problema puoi risolverlo direttamente tu, giocando d'anticipo e indicando come vorresti far crescere i membri del tuo team e chi potrebbe ricoprire il tuo ruolo in prospettiva.

Insomma, negoziare può essere faticoso e impegnativo. Ed è per questo che in molti casi rimandiamo. Ma se ti prepari bene a questa conversazione, raccogliendo dati e seguendo alcune strategie, quando arriverà il momento giusto avrai molte più possibilità di portare a casa il risultato.

IL POTERE DELLA DOPPIA PROMOZIONE

Come abbiamo visto (e come sperimentiamo spessissimo nelle nostre vite), capire quale sia il nostro prezzo ci obbliga in qualche modo a vedere tutti i nostri pregi e le nostre capacità. Ma, soprattutto se siamo donne, la verità è che spesso veniamo educate diversamente. Sin da quando siamo piccine, ci si chiede di stare composte, di non prendere troppo spazio, di essere quasi invisibili. Quando poi cresciamo, quindi, non deve sorprenderci se fatichiamo a vedere e a riconoscere, innanzitutto a noi stesse, quanto invece siamo brave e capaci. E però, per poterlo far presente alle altre persone, dovremmo prima esserne profondamente consapevoli noi.

Autopromuoversi spesso pone un dilemma: parlare dei risultati che hai ottenuto può farti apparire come una persona professionale e capace, ma se lo fai all'eccesso rischi di sembrare solo una narcisista. Tuttavia se condividi (sempre con autoironia, mi raccomando!) i tuoi difetti o i mille ostacoli incontrati sul tuo percorso sicuramente crei più empatia, ma puoi apparire meno competente di quanto tu non sia in realtà.

Cosa puoi fare, quindi, durante la negoziazione, per creare allo stesso tempo competenza e calore?

Prendiamo a prestito il lavoro degli psicologi Einav Hart, Eric M. VanEpps e Maurice E. Schweitzer, che nel 2023 hanno condotto un importante studio sul tema, elaborando il concetto di «doppia promozione». Di cosa si tratta, concretamente? Di promuovere se stesse e un'altra persona, contemporaneamente. Ad esempio: vuoi parlare dei tuoi successi? Complimentati, allo stesso tempo, con una collega. Perché funziona, secondo gli autori? Perché chi ci ascolta ha modo di apprezzare sia le nostre capacità sia il nostro interessamento per le altre persone.

Nel loro studio, che ha coinvolto un totale di 2558 partecipanti, Hart, VanEpps e Schweitzer dimostrano che la doppia promozione, rispetto alla sola autopromozione, fa sembrare una persona più «umana» senza danneggiare le valutazioni circa la sua competenza. Anzi, in alcuni degli esperimenti condotti, la doppia promozione ha portato addirittura a incrementare la percezione di competenza da parte delle interlocutrici.

Gli autori, per consolidare la propria teoria, hanno perfino studiato il modo in cui le personalità descrivono i propri risultati, analizzando le dichiarazioni annuali pubblicate dai membri del Congresso statunitense in un periodo di dieci anni. L'obiettivo era vedere quanto si autopromuovessero o facessero doppia promozione. Ancora una volta, i risultati hanno confermato che quanto più si complimentavano con gli altri mentre si vantavano dei propri risultati tanto più positivamente venivano valutati, e che questo succedeva a prescindere dal partito politico di appartenenza.

Le persone possono trarre vantaggi dalla doppia promozione indipendentemente dal fatto che condividano un complimento su una persona a loro vicina o su una rivale e perfino indipendentemente da ciò che dice la controparte (ad esempio, dal fatto che si autopromuova o porti avanti a sua volta la doppia promozione). Insomma: in ogni contesto studiato, le persone che hanno adottato la strategia della doppia promozione sono state valutate in modo più positivo rispetto a quelle che non l'hanno fatto.

E allora, rimane una sola domanda: ma se i vantaggi sono così evidenti e indiscutibili, perché le persone non effettuano sempre una doppia promozione? Sopra ogni cosa perché in un certo senso questo sembra un comportamento controintuitivo: promuovere qualcun'altra ci dà l'impressione di stare sminuendo i nostri risultati o le nostre capacità. Il nostro istinto naturale è quello di autopromuoverci. O, al massimo, di rimanere in silenzio. Senza dubbio, quindi, sviluppare l'abitudine alla doppia promozione ti richiederà uno sforzo.

Come puoi iniziare? Ad esempio, se fai parte di un gruppo di lavoro, assicurati di fare sempre i complimenti alle tue colleghe. Quando affronti una competizione, esprimi apprezzamenti nei confronti delle concorrenti. E perfino quando fai un lavoro più solitario e individuale, per esempio se scrivi un libro, puoi fare i complimenti a una collega che ammiri particolarmente (io lo faccio spessissimo!).

Altri consigli? Ecco, nel promuovere l'altra persona, meglio essere concise: parlarne per ore rischia di farti apparire poco autentica. E, soprattutto se sei una donna, ricorda sempre di promuovere comunque te stessa, perché il rischio qua è di promuovere oltremisura le altre mettendoti, come al solito, in secondo piano.

Sappi, infatti, che la doppia promozione funziona sia per gli uomini sia per le donne. Ciononostante, diverse ricerche hanno dimostrato che le donne si autopromuovono meno rispetto agli uomini e che l'autopromozione ha maggiori probabilità di causare danni alle donne che agli uomini. Strano, no? Come spesso avviene, le donne tendono a ricevere meno credito per i loro risultati rispetto ai colleghi maschi. Però i dati dimostrano anche che, quando portano avanti una doppia promozione, in alcuni casi le donne riescono a colmare il divario di autopromozione cioè, nell'evidenziare i risultati raggiunti da un'altra persona, riescono meglio a mettere in luce anche i propri.

Quindi, se non vedi l'ora di condividere i tuoi risultati o le tue qualifiche, sii audace e fai bella mostra di te. Assicurati solo di complimentarti anche con qualcun'altra.

SE HAI SCOPERTO CHE SEI PAGATA MENO DI UNA COLLEGA

La maggior parte di noi non sa quanti soldi guadagnino le proprie colleghe (anche se, come abbiamo visto, con la nuova normativa europea le cose dovrebbero presto cambiare!). Ma ti potrebbe capitare di scoprire per caso che una persona che fa il tuo stesso lavoro nella stessa azienda guadagna più soldi di te. Come dovresti reagire in queste situazioni? Dovresti dire alla collega quello che hai scoperto? O magari correre a lamentarti con la tua capa?

Ecco alcuni suggerimenti su come affrontare la negoziazione in questo caso specifico.

1. MANTIENI LA CALMA

Lo so che hai una voglia pazza di spalancare la porta dell'ufficio della tua capa per chiederle di darti più soldi (o magari ti accontenti di guardare in cagnesco la collega pagata più di te). Ma qui serve essere zen. Respira, pensa, non prendere decisioni avventate. Cerca di rimanere lucida. E non cadere nel tranello di pensare: «Se mi pagano di meno, vuol dire che sono meno brava». Ricordati che quella di pagare le donne meno degli uomini, purtroppo, è una tendenza ancora largamente diffusa, in Italia ma non solo.

2. PRENDITI DEL TEMPO PER ELABORARE

Per digerire la notizia, fai lo sforzo di considerare la situazione dal punto di vista della tua capa: quali possono essere i motivi per cui ha deciso di pagare di più la tua collega? Magari, semplicemente, lei ha più anzianità, più esperienza o qualifiche migliori? Forse prima lavorava in un'altra società e le è stato offerto un compenso più alto perché lasciasse il proprio lavoro?

Attenzione: questa fase non serve per demoralizzarsi. È utile, invece, per capire se, fatte tutte le considerazioni del caso, in realtà tu non sia pagata equamente. Se la risposta è sì, puoi utilizzare questa esperienza per iniziare a prepararti a chiedere un aumento quando sarà il momento opportuno. Se la risposta è no, cioè se sei certa che la disparità di stipendio tra te e la collega sia immotivata, allora devi proprio farlo: devi parlare con la tua capa (vedi sotto).

3. PARLA CON LA TUA CAPA

Qui non importa come tu sia venuta a saperlo, ma solo il fatto che tu sia consapevole che c'è una discrepanza retributiva. E anche se c'è una minuscola, irrisoria, insignificante parte di te che si sente un filo ostile, quando vai a parlare con la tua capa, cerca di tenerla a bada. E trasforma questo momento in un'occasione. Cosa puoi fare? Innanzitutto, vuota il sacco: «Sono venuta a sapere che altre persone guadagnano molto più di me per fare lo stesso lavoro». Sembra duro? Mitiga: «Mi piace moltissimo stare qui e ho sempre lavorato molto seriamente». E rilancia: «Cosa posso fare, secondo te, per aumentare le mie possibilità di ottenere un aumento adeguato?».

4. SII REALISTA

Quando arriva il momento in cui puoi richiedere un aumento di stipendio, è importante essere realiste riguardo a quello che è davvero possibile ottenere. E se, dai meccanismi aziendali, non è previsto che tu possa chiedere molto di più in un'unica soluzione, allora puoi pensare ad altri modi per colmare il divario. Magari puoi contrattare un premio di rendimento una tantum o una settimana extra di ferie o anche del personale di supporto aggiuntivo. Se l'azienda non è disposta a soddisfare nemmeno le tue alternative, potrebbe essere il momento di iniziare a cercare un nuovo lavoro. Questo può anche essere un modo per testare il tuo valore di mercato e capire se e quanto sei apprezzata altrove.

PARLA DI SOLDI GIÀ NEL COLLOQUIO

Lo abbiamo già accennato: quello del colloquio per un nuovo lavoro è un momento stranissimo. Da un lato, cerchi di mostrare il meglio di te alla persona che hai di fronte, perché capisca che sei davvero la risorsa giusta per quell'incarico. Dall'altro, non sai bene cosa aspettarti né cosa questa persona stia realmente pensando di te. Ora, accade (a mio parere) troppo spesso che durante un colloquio, soprattutto se è il primo, non si parli di soldi. E personalmente lo trovo folle, perché, sveliamo un arcano: noi lavoriamo per soldi. Sì, certo: il lavoro ci regala anche soddisfazioni, ci aiuta a definire il nostro ruolo nel mondo e tutto il resto. Ma rimane sempre il fatto che il lavoro si basa su uno scambio: io metto a disposizione il mio tempo, le mie capacità e la mia professionalità e in cambio ricevo denaro. Quindi, fare un colloquio di lavoro e non parlare di soldi mi pare surreale.

Detto ciò, anche se magari non subito, a un certo punto ti verrà posta la seguente domanda o una equivalente: «Quali sono le tue aspettative di retribuzione?».

Questo è un momento delicatissimo, perché, anche se sei davvero consapevole del compenso che vorresti, come molte persone, potresti avere difficoltà a rispondere. Se poi stai facendo un colloquio per il tuo primo lavoro o se sei all'inizio della tua carriera, può essere particolarmente complicato, perché magari non sei sicura di quale sia uno stipendio iniziale adeguato. Molte persone sentono il bisogno di rispondere con un numero specifico. Ma bisogna farlo bene, poiché il tuo stipendio iniziale è spesso la base per future decisioni retributive e, se chiedi troppo poco, rischi di ottenere meno di quanto ti avrebbero magari voluto offrire, mentre, se spari cifre altissime, rischi di essere per loro inaccessibile.

Cosa fare, quindi?

Intanto, augurati di riceverla, questa domanda. Se ci riesci, approfittane innanzitutto per fare una piccola scorta di autostima: evidentemente le prime fasi dei colloqui sono andate bene e l'azienda è interessata a te. Poi, rispondi seguendo qualche strategia.

Partiamo facili: se non sei ancora pronta a rispondere dando una cifra esatta, perché magari non hai avuto modo di acquisire tutte le informazioni e i dati che ti servono, o perché hai il sospetto di essere stata finora sottopagata e non vuoi rimanere ancorata al tuo stipendio precedente, prendi tempo. Forse, semplicemente, preferisci avere prima il quadro più chiaro. Insomma, ci sono molti motivi per cui potresti non voler rispondere direttamente alle domande sullo stipendio che desideri. Ma qualcosa dovrai pur dire... e allora? Semplice:

prova a sviare la conversazione. Ad esempio, puoi rispondere con una domanda, chiedendo quale sia il budget a disposizione. Puoi anche chiedere se l'azienda ha già stanziato una cifra per la tua retribuzione o perfino domandare quale sia il livello salariale medio in quell'azienda per il lavoro per il quale stai effettuando il colloquio.

E ora veniamo al sodo. Cioè al momento in cui sarai pronta a parlare davvero di soldi. Come puoi rispondere alla domanda «Quali sono le tue aspettative di retribuzione?». Fissa un range, ovvero proponi una retribuzione compresa tra un certo livello minimo e uno massimo. Ovvio che, per poterlo fare, dovresti prima aver effettuato un minimo di ricerca in modo da avere un'idea realistica della fascia salariale tipica per quel ruolo e poter fare una richiesta adeguata (come abbiamo visto nel capitolo precedente, la raccolta e l'analisi dei dati è fondamentale!). In alcuni casi, la fascia salariale è già indicata nell'annuncio di lavoro.

Ecco, questo dato è utilissimo, perché ti aiuta a capire quanto l'azienda sia disposta a pagare e ti consente di collocarti all'interno di quell'intervallo.

Una volta proposto il tuo range, motiva la tua risposta: spiega come sei arrivata a definire quelle cifre e sottolinea le competenze e l'esperienza che, secondo te, le giustificano e ti rendono proprio la persona adatta a quella posizione. Metti anche in chiaro che lo stipendio è solo uno dei fattori che influenzeranno la tua decisione di accettare o meno il lavoro e che sei interessata a sapere se esistono altri benefit sulla base dei quali potrai fare la tua valutazione (giorni di ferie, flessibilità di orario, smart working, premi o bonus, corsi di formazione e aggiornamento, solo per fare qualche esempio). Infine, mostrati flessibile: la tua risposta deve essere percepita come l'inizio di una conversazione.

E SE SEI UNA RISORSA OVER 50 CHE VUOLE CAMBIARE LAVORO?

Il mondo del lavoro è in continua evoluzione, per molte il posto fisso non è più l'obiettivo della vita e la ricerca della soddisfazione sul posto di lavoro spinge sempre più persone a lasciare aziende in cui hanno passato anche molti anni per cercare qualcosa di meglio.

Ma quello del lavoro è un mondo che può essere impietoso con chi ci è entrato da parecchio e vuole uscire dai binari. Se hai più di cinquant'anni e desideri cambiare carriera dopo aver lavorato sempre nello stesso settore, puoi incontrare qualche difficoltà, soprattutto se vuoi mantenere un certo reddito e la «concorrenza» è più giovane e sufficientemente esperta.

Quali strategie puoi adottare in questo caso in fase di colloquio e negoziazione?

Come prima cosa: metti in evidenza e fai valere l'esperienza che hai accumulato. Anche quella ha un prezzo.

Ma se vuoi cambiare e prima facevi un altro mestiere, probabilmente non avrai competenze specifiche sulla mansione per cui ti proponi o sulla mansione per cui ti proponi a un'azienda. Se quindi devi affrontare un colloquio per farti assumere, preparati all'obiezione: «Ma non ti sei mai occupata di questo, prima!». E, fino all'ultimo, non ammetterlo mai! Piuttosto, parti da qui: dall'elencare le competenze personali, professionali e relazionali che hanno contribuito ai risultati e ai progressi della tua carriera, cerca di mettere in luce quelle che possono tornare utili per il lavoro che stai cercando di ottenere e spiega come intendi sfruttarle, possibilmente utilizzando le parole chiave inserite dall'azienda nell'annuncio di lavoro. Sono sicuramente tante le abilità e le capacità che puoi aver maturato e che possono tornare utili anche in questa nuova avventura lavorativa. Ad esempio, se hai avuto l'opportunità di lavorare a stretto contatto con l'amministratrice delegata della tua ex azienda, questo fa di te una persona che è a proprio agio nel trattare con le figure apicali e non ne è intimidita. Se hai gestito gruppi di persone o situazioni lavorative complesse, ora sai come risolvere anche eventuali situazioni di conflitto all'interno dell'azienda. Insomma, il tuo obiettivo è «rivendere» queste capacità in un altro contesto. In questo periodo in cui molte aziende stanno tagliando i costi, cercando di sommare ruoli diversi nella stessa figura e aspettandosi che le dipendenti facciano di più con meno, dimostrare la tua versatilità aiuterà le responsabili delle assunzioni a vederti come la candidata migliore.

Dimostrare che continui ad aggiornarti e a stare al passo con le novità è un altro fattore che puoi far valere per tenere alto il tuo prezzo. L'accrescimento continuo delle tue competenze dimostra infatti che hai l'energia per continuare ad apprendere e non stai semplicemente aspettando di andare in pensione.

E metti in evidenza il fatto che, nel corso degli anni, hai creato una rete (che una candidata più giovane, non per demerito ma per una mera questione anagrafica, potrebbe non avere) che può esserti utile anche nel nuovo ambito lavorativo. Per alcuni impieghi, questa rete può renderti particolarmente attraente.

Inoltre, se sei nel mondo del lavoro da venti o trent'anni, probabilmente hai avuto a che fare con persone che ora sono dirigenti, membri di qualche consiglio di amministrazione, manager apicali o comunque che hanno fatto carriera e possono garantire per te.

Ricorda che cambiare lavoro, se non sei più giovanissima, può essere (o sembrare) scoraggiante, ma la verità è che hai già ciò di cui hai bisogno per distinguerti: devi solo mettere in conto un po' di preparazione extra per affrontare i colloqui e assicurarti che chi ti valuterà apprezzi il tuo insieme unico di competenze, esperienze e relazioni.

CONSIGLI PER FREELANCE E PROFESSIONISTE (MA NON SOLO)

Finora abbiamo affrontato il tema della negoziazione nella prospettiva di una persona che abbia un lavoro dipendente e quindi che debba interfacciarsi con una manager o una responsabile delle risorse umane per poter richiedere (e auspicabilmente, ottenere) un aumento o una promozione o entrambi.

Ma in molti casi la controparte nella negoziazione non è la datrice di lavoro. Può darsi che sia una cliente o anche l'azienda che vuole affidarti un incarico professionale. Però la contrattazione riguarda sempre la tua retribuzione.

Anzi, se sei una freelance o una professionista, questo è un tema con il quale probabilmente ti scontri ogni singolo giorno. Magari ti si dice che il tuo compenso è troppo alto. O che altre fanno prezzi più bassi. E, se non abbassi il tuo, la minaccia sempreverde è che questo lavoro verrà assegnato ad altre figure e che tu non verrai scelta. Insomma, devi fare costantemente i conti con la concorrenza, e quindi qualche accortezza in più in fase di negoziazione (che comunque non guasta nemmeno se sei una dipendente), può fare la differenza!

Come puoi allora riuscire a spuntare un compenso che sia sostenibile per la controparte ma anche per te?

Vediamo qualche consiglio.

LA SIMPATIA PUÒ ESSERE UN SUPERPOTERE

Sembra banale, ma è fondamentale: le persone sono più disposte a venire incontro alle tue richieste, se piaci loro. Nel corso di una trattativa, qualunque cosa ti renda poco simpatica riduce le possibilità che l'altra persona percorra la sua parte di tragitto per raggiungere un compromesso che vada bene a entrambe.

Sull'empatia io spingo sempre e davvero, non si tratta solo di essere educate, in generale e non solo nella negoziazione. In un momento così delicato, essere empatiche o perfino simpatiche, sforzandosi un po', consente di gestire alcune tensioni che possono essere inevitabili, aiutandoti a chiedere ciò che meriti senza sembrare avida, a sottolineare le tue ragioni senza sembrare egoista, a essere tenace senza risultare fastidiosa.

AIUTA LA CONTROPARTE A CAPIRE PERCHÉ MERITI CIÒ CHE STAI CHIEDENDO

Piacere alla cliente o comunque all'interlocutrice è importante, ma purtroppo non è sufficiente. Chi sta considerando se affidarti o meno un incarico deve anche, ovviamente, credere che tu valga il denaro che chiedi. Si dice che un buon lavoro parla da solo. Non è vero. Anche la migliore delle proposte ha bisogno di essere raccontata nel modo giusto.

Spiega tutti i motivi per cui meriti più soldi di altre figure professionali che potrebbero svolgere lo stesso lavoro. Non è questione di sembrare arrogante, ma di far parlare i fatti e mostrare il tuo impegno e le tue capacità.

METTI IN CHIARO CHE SARESTI FELICE DI LAVORARE PER LORO

Quando si parla di denaro, ci sono sempre molti non detti. C'è più di un livello di sottotesto, ogni persona tende poi a leggere le informazioni alla luce del proprio background e delle proprie aspettative. Ma il fatto che tu stia contrattando il prezzo del tuo bene o servizio e che, anzi, ti ritrovi quasi a difenderlo davanti alla potenziale cliente non deve diventare un ostacolo.

Quindi non lasciare spazio a fraintendimenti: chiarisci che sei seriamente intenzionata a lavorare per lei. Non stai facendo la difficile: è solo che vuoi essere pagata il giusto.

COMPRENDI I VINCOLI DELLA TUA INTERLOCUTRICE

Prima di poter convincere la persona seduta di fronte a te, devi capirla. Quali sono i suoi interessi e le sue preoccupazioni? La verità è che tu potresti anche piacerle moltissimo, che potrebbe pensare che meriti tutto quello che chiedi. Ciò non toglie che possa avere alcuni vincoli a cui sottostare, difficili da allentare durante una trattativa. E allora, cosa puoi fare?

Il tuo compito è capire quali di questi vincoli sono flessibili e quali no. Quanto meglio comprenderai questo aspetto, tanto più è probabile che sarai in grado di proporre opzioni che vengano incontro a entrambe.

PREPARATI ALLE DOMANDE DIFFICILI

Le domande a trabocchetto, durante la contrattazione, possono essere molte e diverse. E se non sei preparata, rischi di essere evasiva, poco efficace o, ancor peggio, di risultare poco autentica.

Un consiglio? Nel corso della trattativa, menti il meno possibile. Preparati ad affrontare le domande che potrebbero metterti sulla difensiva, farti sentire a disagio o anche scoperchiare le tue debolezze. E tieni sempre a mente il tuo obiettivo: rispondere in maniera onesta, senza per questo sembrare *naïve*, ma anche senza rinunciare al tuo potere contrattuale.

CONCENTRATI SULL'INTENTO DI CHI PONE LA DOMANDA, PIÙ CHE SULLA DOMANDA STESSA

Può capitare. Può succedere che tu prepari tutto per bene, nel migliore dei modi e che poi, invece, ricevi la domanda, il commento o l'osservazione che proprio non ti aspettavi, quella che vuole colpirti, che rischia di metterti in difficoltà. Come puoi reagire?

In questo caso, ricorda che non è tanto la domanda che conta, ma piuttosto l'obiettivo di chi te la sta rivolgendo. Può anche succedere che l'interrogativo sembri fastidioso, ma che invece l'intento di chi te lo pone sia benevolo. Se non ti piace la domanda, non dare per scontato il peggio.

NEGOZIA TUTTO NELLA STESSA SOLUZIONE (E NON IN SEQUENZA)

Se pensi che durante la negoziazione ci siano diversi aspetti da trattare, mettili tutti sul tavolo sin dal principio. Fai un elenco esaustivo prima dell'incontro dei temi sui quali tu e la tua controparte dovrete trovare una sintesi. Questo ti consentirà di capire anche dove poter eventualmente cedere e dove invece tenere il punto. Al contrario, presentare i temi in sequenza, magari quando si è appena chiusa una parte dell'accordo, può essere non solo poco efficace ma persino snervante per la controparte.

NON NEGOZIARE SOLO PER NEGOZIARE

Anche se, dopo aver letto questo libro, saprai farlo egregiamente, resisti alla tentazione di dimostrare che sei una grande negoziatrice (sì, c'è dell'autoironia). Quindi, se qualcosa è importante per te, negozia assolutamente. Ma non contrattare su ogni piccola cosa. Avviare un confronto per ottenere solo pochissimo di più rispetto alla tua situazione attuale rischia di irritare inutilmente la controparte e limitare la tua capacità di negoziare seriamente in un'altra occasione, quando invece per te potrebbe essere più importante.

EVITA, IGNORA O MINIMIZZA GLI ULTIMATUM

Evita di dare ultimatum, anche quando sei stremata. E se ne ricevi uno dalla controparte, semplicemente ignoralo: a un certo punto, la persona che ha mostrato i muscoli potrebbe rendersi conto che rischia di far naufragare l'accordo e voler fare un passo indietro.

ANCHE CON LE CLIENTI, NON È UNA GUERRA

Trattative difficili o lunghi ritardi nell'accettazione di un'offerta formale potrebbero farti credere che le potenziali clienti ce l'abbiano con te. Ma la riluttanza ad affrontare una questione particolare può semplicemente riflettere vincoli di cui magari tu non sei a conoscenza.

Rimani in contatto, ma sii paziente. E se non riesci essere paziente, evita comunque di comunicare frustrazione o rabbia. Piuttosto, chiedi chiarimenti sulle tempistiche.

LAVORA SUL TEMPO

Ciò che non è negoziabile oggi potrebbe esserlo domani. Nel tempo, gli interessi e i vincoli cambiano. Quando qualcuna dice di no, quello che sta dicendo potrebbe essere «Non in questo momento». Un mese dopo, quella stessa persona potrebbe essere in grado di fare qualcosa che prima non poteva fare.

E SE LA CONTROPARTE È MOLTO PIÙ POTENTE DI TE?

A volte, negoziare è più difficile. La maggior parte delle volte, siamo costrette ad avere a che fare con persone che hanno il coltello dalla parte del manico, perché noi chiediamo e loro devono in qualche modo acconsentire alle nostre richieste. In alcuni casi, la nostra controparte ha molto più potere di noi e questa, già come prospettiva iniziale, rischia di essere scoraggiante. Che tu stia chiedendo alla tua capa un nuovo incarico o tentando di concludere un importante accordo commerciale con una cliente, il tuo approccio alla negoziazione può influenzare notevolmente le tue possibilità di successo. Come puoi ottenere ciò che desideri?

Partiamo da un presupposto un po' new age (ve la ricordate la new age, sì?): spesso, chi sembra più debole è in realtà più forte. Mi spiego meglio: avere molto potere può ridurre la capacità di comprendere davvero le altre persone. Quindi, trovarti in una posizione «inferiore» può offrirti un vantaggio nel valutare ciò che la controparte vuole e come agire strategicamente per il tuo meglio. E non è detto che tu non scopra di aver sottovalutato il tuo reale potere e sopravvalutato quello della persona con cui stai negoziando.

Cosa puoi fare, quindi, quando la sproporzione di potere tra te e chi ti siede di fronte è davvero importante?

Per prima cosa, non buttarti giù. E non farti paralizzare dalla concorrenza. Certo, ci saranno altre candidate che vogliono una promozione o altre professioniste che stanno cercando di ottenere il tuo stesso contratto. Ma tieni sempre a mente le capacità e competenze che tu porti sul tavolo rispetto alle altre persone. Se la controparte sta negoziando con te, un motivo ci sarà.

Ancor più che in altri casi, fai in modo di arrivare super preparata. Predisponi ipotesi di soluzioni creative che potranno funzionare per entrambe le parti. Un esempio se sei libera professionista: sei di fronte a una controparte che, forte del suo potere, è irremovibile sul prezzo. Una delle tue proposte potrebbe essere un contratto a lungo termine che dia a lei il prezzo che desidera e, al contempo, garantisca a te un flusso di entrate certo, per un periodo di tempo più lungo.

Spesso, le persone che hanno molto potere amano il suono della propria voce. Allora, poniti in ascolto, ma senza dimenticare di fare tutte le domande che ritieni necessarie. Queste sono infatti due delle strategie più potenti che tu possa adottare: ascoltare attentamente crea fiducia e porre domande incoraggia la controparte a illustrare le proprie posizioni.

In ogni caso, mantieni la calma. Uno degli errori più grandi che una persona in posizione di inferiorità possa fare in una negoziazione è diventare iperreattiva o prendere sul personale il tono negativo della controparte. Ad esempio, se lei minaccia e tu reagisci con una minaccia, hai finito. Resta focalizzata sui risultati e resisti alla tentazione di rispondere a tono, anche se la negoziazione implica un riconoscimento del tuo valore, delle tue competenze o del tuo servizio. Rimani salda sui tuoi obiettivi e indirizza la tua strategia su quelli e non sul comportamento dell'altra persona. Prova sempre a gestire la negoziazione a modo tuo.

Allo stesso tempo, anche in questo caso cerca di rimanere flessibile. Più che un fiume in piena, la negoziazione è fatta di tanti rivoli diversi. Cosa funziona di più? Non bisogna limitarsi a una singola strategia, ma mettere in campo molteplici e progressive manovre di aggiustamento man mano che la negoziazione procede, soprattutto quando hai di fronte una persona di grande potere.

Se lei fa una richiesta, chiedile di spiegare le sue motivazioni. Suggerisci di dedicare qualche minuto alla ricerca di ulteriori soluzioni, chiedi se sono mai stati concessi ad altre persone i termini che richiedi tu. Mantenere la flessibilità nelle tue mosse significa poter modellare meglio una soluzione che non sia solo positiva per te, ma che faccia sentire anche all'altra persona di aver portato a casa il suo risultato.

BONUS TRACK: USA L'ASCOLTO ATTIVO

E arriviamo a un consiglio finale che vale per tutte, in qualsiasi tipo di negoziazione ci troviamo: l'ascolto attivo.

La maggior parte delle persone pensa di essere una buona ascoltatrice, perché magari non parla sopra agli altri, fa cenni di assenso con la testa e sarebbe in grado di ripetere quello che è stato detto. Ma in realtà non è abbastanza. L'ascolto attivo, invece, implica il saper padroneggiare una serie di altre abilità e richiede sia empatia sia consapevolezza di sé. Volendone dare una definizione, potremmo dire che sei un'ascoltatrice attiva quando non solo ascolti ciò che qualcuna sta dicendo, ma ti sintonizzi anche con i suoi pensieri e i suoi stati d'animo. In pratica, l'ascolto attivo trasforma una conversazione in un'interazione attiva, non competitiva e bidirezionale.

Se ne sono occupati con grande accuratezza Robin Abrahams e Boris Groysberg, della Harvard Business School, che hanno descritto l'ascolto attivo in base a tre aspetti. Il primo è quello cognitivo e risiede nel prestare attenzione a tutte le informazioni, sia esplicite sia implicite, che si ricevono dall'altra persona. Il secondo è quello emotivo, che consiste nel rimanere calma ed empatica durante la conversazione, gestendo eventuali reazioni come fastidio o noia, che pure potresti sperimentare. Infine, l'aspetto comportamentale: trasmettere interesse e comprensione con le parole, ma anche attraverso il linguaggio non verbale.

Per diventare una buona ascoltatrice attiva, per prima cosa cerca di capire quale sia il tuo normale stile di ascolto. Ad esempio, potresti essere un'ascoltatrice orientata al compito, di quelle che si concentrano sull'efficienza e indirizzano la conversazione per ottenere informazioni importanti. Oppure, un'ascoltatrice analitica, che cerca di esaminare i problemi in una prospettiva neutrale. Magari sei un'ascoltatrice relazionale e cerchi di costruire connessioni, di comprendere e di rispondere alle emozioni che sono alla base di un messaggio. O ancora, potresti essere un'ascoltatrice critica, che tende a giudicare sia il contenuto della conversazione sia l'interlocutrice. Una volta stabilito che tipo di ascoltatrice tu sia, decidi consapevolmente come migliorare il tuo ascolto. Puoi aiutarti ponendoti alcune domande.

PERCHÉ IN QUESTO MOMENTO HO BISOGNO DI ASCOLTARE?

Rifletti sugli obiettivi della conversazione: cosa desideri tu e di cosa ha bisogno l'altra persona. Usa l'empatia per proiettarti anche nella prospettiva di chi hai di fronte.

CHI È AL CENTRO DI QUESTA CONVERSAZIONE?

Condividere le tue storie personali può aiutarti a stabilire una connessione con la tua interlocutrice. Ma il rischio è quello di distogliere l'attenzione da chi stava parlando, facendola sentire inascoltata o perfino respinta.

A COSA STO PENSANDO?

Confessiamocelo: spesso, mentre le persone che abbiamo davanti ci parlano, noi stiamo già pensando a cosa risponderemo. Anche se è un comportamento comune, è comunque controproducente per una comunicazione efficace. Se riesci a rimanere presente nel momento, rispetto alla conversazione, senza formulare giudizi o pensare unicamente ai tuoi obiettivi, avrai maggiori possibilità di ascoltare veramente ciò che viene detto.

STO ANCORA ASCOLTANDO?

Anche questo lo facciamo spesso: a un certo punto, nelle conversazioni, stabiliamo di aver capito qual è il punto della persona che ci sta parlando e dunque ci distraiamo. Invece, la pratica dell'ascolto attivo richiede che tu rimanga concentrata. Quindi, se ti accorgi che la tua mente vaga, riporta la tua attenzione alla conversazione. E pratica anche l'umiltà: se hai distolto l'attenzione e ti sei persa qualcosa che ha detto l'altra persona, non cercare di andare avanti come se sapessi di cosa sta parlando. Invece, sii sincera e chiedile di ripetere.

Se vuoi, puoi? No.

Quante volte, nelle conversazioni o sui social, hai sentito la frase «Se vuoi, puoi»? Influencer, autoproclamate coach motivazionali, guru della domenica spesso con i loro interventi fanno passare il messaggio che, per ottenere qualcosa, basta volerlo. Rimboccarsi le maniche, crederci, e via: il gioco è fatto! La verità, purtroppo, è che le cose non sono sempre così semplici e, anche quando ci mettiamo d'impegno, non è detto che riusciamo a raggiungere i risultati che ci eravamo prefissate. Soprattutto se siamo donne.

Questo può accadere per mille ragioni diverse. Ogni persona, banalmente, parte da una condizione che può essere più o meno privilegiata a livello culturale, sociale, economico. Insomma, già ai blocchi di partenza non siamo tutte uguali. E poi diciamocelo, come in tutte le cose della vita, talvolta serve anche un pizzico di fortuna: essere al posto giusto al momento giusto, avere a che fare, anche professionalmente, con persone ragionevoli e competenti, poter lavorare in ambienti aperti e al passo con i tempi.

Questo non significa non poterci neppure provare, ma bisogna sapere che non tutto dipende dalle nostre capacità, non tutto è performance, non basta trovare il coraggio di tentare. A volte, si tenta al massimo delle nostre possibilità, eppure non si riesce.

MITI SOCIAL

Secondo il *Digital 2023 Global Overview Report*, sui circa 8 miliardi di persone che compongono la popolazione mondiale, sono 5,16 miliardi quelle che si connettono a internet ogni giorno. Parliamo del 64% della popolazione complessiva, un volume in costante aumento (già solo rispetto all'anno precedente, è cresciuto di quasi il 2%). E che facciamo su internet? Ma ovvio: stiamo sui social! Dall'inizio della pandemia, il numero totale delle utenti dei social network è cresciuto di quasi il 30%. E anche il tempo che trascorriamo usando queste piattaforme è aumentato: l'utente media ci spende oltre due ore e mezza al giorno (questo è il record di sempre e i numeri sono in costante aumento).

A cosa ci servono questi dati? A capire che siamo sovraesposte ai social e che sempre di più rischiamo di farci influenzare dai messaggi che circolano lì. Ora, questo non è secondario nella costruzione dell'immagine che noi vorremmo darci (e dare) di noi stesse (e su questo potere di influenza c'è infatti chi ha costruito imperi milionari, quindi siamo assolutamente sicure che funzioni così). Invece, dovremmo ricordare costantemente che quello che le altre persone scelgono di mostrarci delle loro vite è, appunto, solo una selezione, in genere ragionata ad arte e costruita in modo da rimandarci un'immagine di serenità, perfezione e – parola che personalmente detesto – successo. E che le tante storie di fallimenti, spesso, non vengono raccontate affatto.

Una delle narrazioni più tossiche in cui sarai sicuramente incappata sui social in questi anni, come è accaduto anche a me, è proprio questa: se vuoi, puoi. Chissà quante guru motivazionali ti avranno raccontato di come siano riuscite a costruire il loro (presunto) impero milionario grazie alla sola forza di volontà. Al fatto di averci creduto veramente. Suggerendoti di fare lo stesso, anzi magari di acquistare i loro corsi, spiegandoti che «se vuoi, puoi» e quindi anche tu sarai in grado di raggiungere ricchezza e felicità.

Ora, è chiaro che, nella maggior parte dei casi, quando vediamo video o leggiamo post di questo tenore, scatti in noi un sano istinto di sopravvivenza che ci spinge a bollarli automaticamente come quelle che in romanesco definiamo *fregnacce*: stupidaggini, sciocchezze, inutili perdite di tempo.

Ma è possibile che una porzione piccola, anche piccolissima di queste presunte verità rimanga annidata in una parte nascosta e isolata dei nostri pensieri. E che da lì possa fermentare. Perché al «Se vuoi, puoi», fa seguito immediatamente una domanda: ma se io ho voluto e non ci sono riuscita, allora sono sbagliata?

Forse non tutte sanno che questa narrazione tossica e pericolosa, che è esplosa grazie ai social, risale a molto tempo fa. L'idea di base è che *Volere è potere*, come recita il titolo del libro dello zoologo Michele Lessona, del 1869. Lessona, a sua volta, prende spunto da *Self-help*, scritto da Samuel Smiles nel 1859 e tradotto in italiano nel 1865 con un cattolicissimo *Chi si aiuta, Dio l'aiuta*. Il testo di Smiles, lungi dall'essere quello che oggi ci aspetteremmo da un libro di auto-aiuto, è in realtà una raccolta dei discorsi che l'autore teneva ai giovani uomini della classe operaia perché mettessero in campo qualsiasi mezzo per emanciparsi dalla povertà e dalla propria condizione sociale e accedere a ricchezza e successo (vi dico solo che il sottotitolo era «Storia degli uomini che dal nulla seppero innalzarsi ai più alti gradi in tutti i rami della umana attività»).

E arriviamo ai giorni nostri, nei quali la frase «Se vuoi, puoi» è diventata un mantra, un'incoraggiante affermazione di positività e fiducia nelle proprie capacità. Peccato che la realtà sia più complessa. In primo luogo, perché, come dicevamo, la sola volontà non è sempre sufficiente. Alcune sfide richiedono anche risorse, opportunità e circostanze favorevoli.

In alcuni casi, le condizioni di partenza sono particolarmente sfavorevoli. Coloro che propugnano il «se vuoi, puoi» spesso trascurano tutto il set di disuguaglianze che ciascuna di noi può portarsi addosso. Individui che crescono in ambienti privi di risorse e opportunità di solito incontrano sul loro cammino barriere più difficili da superare rispetto a coloro che partono da contesti più privilegiati. In generale, spesso il cosiddetto successo è influenzato da fattori esterni al controllo individuale: problemi economici, fasi di crisi personale o fattori congiunturali possono ostacolare la realizzazione degli obiettivi nonostante la nostra determinazione.

E insisto nel dire che questa è una retorica pericolosa, anche per la pressione psicologica e i sensi di colpa che potrebbe generare in coloro che non riescono a raggiungere i propri propositi nonostante ci mettano il massimo della volontà. La sensazione di non essere all'altezza delle aspettative può portare a sensi di colpa, ansia e mancanza di autostima, creando un ciclo dannoso che ostacola ulteriormente il progresso.

La positività e la determinazione sono indubbiamente importanti, ed è ovvio che senza volontà e senza impegno raggiungere i propri obiettivi diventa quasi impossibile, ma la retorica del «se vuoi, puoi» può celare un'ingiusta semplificazione della realtà. Riconoscere le sfide strutturali, le disuguaglianze e la complessità di cui la vita è intrisa è quindi essenziale per sviluppare una prospettiva più realistica e (auto)compassionevole.

IGNORARE I PRIVILEGI È UN ERRORE

Chi mi conosce sa che una delle mie frasi più ricorrenti è «È tutto lotta di classe». Mia figlia Sveva ha anche pensato di farmela ricamare su una maglietta, cosa che chiaramente abbiamo subito fatto. Cosa significa, per me? Che quello che ogni persona dovrebbe fare è impegnarsi tutti i giorni per ridurre le disuguaglianze, per abbattere le ingiustizie, per dotare tutte le persone delle stesse possibilità e farle allineare al medesimo punto di partenza. E che poi, davvero, vinca la migliore.

Da qualche anno, gira in rete una vignetta tanto bella quanto angosciante. Mostra delle persone a un blocco di partenza di una pista da corsa. Sono donne e uomini. Gli uomini hanno tutta la pista libera di fronte a loro. Davanti alle donne, invece, c'è una marea di ostacoli: lavatrici, stendibiancheria, ferri da stiro...

Ecco, questa (che come molte di voi sapranno, mi sta particolarmente a cuore) è solo una delle disuguaglianze che impediscono a molte donne di partire dallo stesso punto. Alcune, per rimanere nella metafora, hanno delle penalità già in partenza.

Ma a dare alle persone uno svantaggio non è solo la discriminazione di genere: succede anche a chi si trova in condizioni di marginalità, come a chi vive in povertà. Nel 2022, oltre 5,6 milioni di persone in Italia si trovavano in condizione di povertà assoluta, ovvero non riuscivano a mettere insieme il pranzo con la cena. Sono il 9,7% della popolazione complessiva (nel 2021, erano il 9,1%). Le minori in povertà assoluta erano quasi 1,3 milioni, oltre il 13% del totale. Negli ultimi dieci anni, il tasso di minori in povertà assoluta è quasi triplicato. E nelle famiglie povere a essere basso è anche il tasso di istruzione, in una trappola che si autoalimenta di emarginazione e scarse opportunità.

A livello mondiale, le famiglie a basso reddito sono quelle che, ovviamente, non riescono a permettersi le scuole private, che vivono nei quartieri più problematici in cui le scuole pubbliche forniscono un'istruzione più carente. Eccola ancora una volta, la trappola della povertà: un ciclo scoraggiante che non smette mai di girare. Con l'espressione «trappola della povertà» indichiamo infatti uno schema per cui le persone più povere non sono in grado di sfuggire alla povertà, a prescindere dalla loro volontà.

Poiché infatti alle persone più svantaggiate non vengono fornite pari opportunità di istruzione rispetto alle coetanee più ricche, per loro diventa ancora più difficile eccellere a livello accademico o professionale e spezzare questa catena di emarginazione. In particolare con i risultati accademici lo vediamo con una certa brutalità: secondo una ricerca svolta negli Stati Uniti dalla Stanford University, i voti delle studentesse e degli studenti più poveri sono tra il 30 e il 45% inferiori rispetto a quelli dei ricchi e questo avviene perché le persone più povere devono affrontare una serie di ostacoli aggiuntivi a causa del loro background sociale.

Insomma, se parti da una base svantaggiata, fai fatica a uscirne.

E se vogliamo essere oneste, dobbiamo anche riconoscere che le persone ricche possono trovarsi in quella condizione per una serie di ragioni che non sono, almeno in parte, dipese da loro. Potrebbe darsi che i genitori fossero benestanti e quindi in grado di fornire loro un alloggio dignitoso, cibo e acqua costantemente disponibili, accesso alle cure mediche, l'opportunità di essere istruite in buone scuole, e così via. Sta di fatto che migliori sono le opportunità che hanno avuto crescendo, più è probabile che anche le loro figlie abbiano successo e non corrano il rischio di cadere nella povertà.

Nel nostro Paese, la spesa media sostenuta dalle famiglie per le attività legate all'istruzione è molto bassa e, come se non bastasse, negli ultimi anni sta ulteriormente diminuendo. Come prevedibile, si sta contraendo in particolar modo la spesa delle famiglie più povere (soprattutto se risiedono nelle regioni del Sud). Secondo le analisi di Save the Children sui dati Istat, in media le famiglie più povere possono spendere solo 5 euro al mese per attività legate all'istruzione delle proprie figlie, a fronte dei 33 euro di cui si possono fare carico quelle più ricche.

Non è solo un'ingiustizia. È follia. Tanto più se pensiamo che la ricchezza mondiale è in costante aumento. Il problema, però, è che finisce sempre nelle stesse mani.

Vediamolo con i dati: a partire dal 2020, il 63% di tutta la nuova ricchezza che è stata creata nel mondo è andata nelle tasche dell'1% più ricco della popolazione mondiale. Questo significa che uno a caso tra questi super ricconi ha guadagnato circa 1,7 milioni di dollari per ogni dollaro di nuova ricchezza guadagnata da una persona che si trova nel 90% più povero della popolazione mondiale. Le fortune delle persone miliardarie sono aumentate di 2,7 miliardi di dollari al giorno.

I dati sono presi dal report *Survival of the Richest 2023* di Oxfam, pubblicazione preziosa dalla quale emerge la fortissima esigenza di tassare di più le persone spaventosamente ricche, per dare appunto maggiori opportunità a chi invece, nascendo in condizioni di povertà economica (che diventa povertà educativa e povertà di emancipazione) e non potendo godere degli stessi privilegi, anche se vuole, non può.

Quello di genere (di cui abbiamo ampiamente parlato nel libro), quello educativo e quello reddituale non sono gli unici privilegi, tuttavia. Per fortuna, parliamo sempre più spesso anche di quelli legati al colore della pelle, all'orientamento sessuale e alla disabilità. Io, come donna bianca, abile ed eterosessuale sperimento forme di discriminazione ben più contenute rispetto a una donna nera, disabile e lesbica.

Un esempio su tutti: uno studio condotto su *curricula* identici ha rivelato che le candidate con nomi ritenuti «etnicamente diversi» rischiano di essere scelte meno per un colloquio rispetto a quelle con nomi ritenuti «più comuni». Questa disparità nelle opportunità lavorative riflette la presenza di pregiudizi razziali nel processo di selezione. Ancora: le persone nere guadagnano mediamente meno delle colleghe bianche per ruoli simili e livelli di istruzione equivalenti. E stiamo parlando di disuguaglianze salariali che non possono essere spiegate da differenze di competenze o qualifiche, ma che rispecchiano la presenza di discriminazioni razziali nel mercato del lavoro. Negli Stati Uniti, la disparità di reddito, salute, istruzione e opportunità tra persone bianche e nere è da sempre persistente ed è la conseguenza, secondo gli studi, di quattro secoli di razzismo istituzionale e sistemico.

Rispetto alla discriminazione sistemica che le persone disabili sperimentano sul mercato del lavoro, parliamo di *disability employment gap*: le persone con disabilità tendono a essere assunte di meno. E, secondo una recentissima pubblicazione dell'«American Economic Journal», rivelare una disabilità riduce del 25% le probabilità di essere chiamate per un colloquio.

Chiudo con un ulteriore fattore di potenziale discriminazione. Secondo l'ultimo report annuale del Center for American Progress, le persone Lgbtqia+ continuano a sperimentare tassi di discriminazione significativamente più elevati rispetto a quelle eterosessuali, e questo è vero praticamente in tutti i contesti esaminati, compresi l'assistenza sanitaria, l'occupazione e gli spazi pubblici. Questa discriminazione ha prevedibili effetti negativi sul benessere economico, fisico e mentale di molte persone Lgbtqia+, che, secondo la ricerca, arrivano a modificare il proprio comportamento per evitare di subire discriminazioni.

Alla luce di ciò, come si può affermare seriamente che «se vuoi, puoi»? Come possiamo ignorare il set di privilegi di cui ciascuna di noi può essere dotata per nascita, quindi senza particolari meriti personali?

Tutti questi fattori di discriminazione rendono la narrazione del «se vuoi, puoi» inutile e perfino offensiva. Eppure, nonostante questi fattori, possiamo in qualche modo cercare di fare del nostro meglio per ottenere quello che vogliamo. Vediamo come.

PARTIRE DALLA CONSAPEVOLEZZA DI SÉ

In ambito manageriale, autoconsapevolezza sembra essere diventata una vera e propria parola d'ordine. C'è molta letteratura scientifica sul tema. Alcune ricerche suggeriscono che, senza consapevolezza di sé, cioè la capacità di autovalutare innanzitutto se stesse, le persone non potrebbero assumere il punto di vista degli altri, esercitare l'autocontrollo, produrre risultati creativi o perfino provare orgoglio ed elevata autostima. Alcune ricerche dimostrano che chi è ottimista riguardo al fatto che riuscirà a raggiungere i propri standard personali, ha più possibilità di arrivarci davvero.

Per il tema di nostro specifico interesse, l'autoconsapevolezza gioca a tuo favore almeno sotto due profili. Il primo: le persone più consapevoli di sé hanno performance più alte al lavoro. Il secondo: tendono anche a ottenere più promozioni.

Ma proviamo a dare una definizione più approfondita di autoconsapevolezza. Negli ultimi cinquant'anni, le ricercatrici e ne hanno utilizzato diverse. Può essere considerata come la capacità di essere sempre in contatto con il proprio mondo interiore, come una sorta di stato di autocoscienza, oppure come la differenza tra il modo in cui vediamo noi stesse e quello in cui ci vedono le altre persone.

Facciamo allora un po' di ordine e racchiudiamo le definizioni di autoconsapevolezza in due ampie categorie. La prima fa riferimento a una dimensione interiore ed è legata alla chiarezza con cui identifichiamo e valutiamo i nostri valori, le nostre passioni, le nostre aspirazioni, la capacità di adattamento al nostro ambiente, il nostro modo di reagire a quello che ci capita e l'impatto che possiamo avere sulle altre persone.

Quando si ha questa forma di consapevolezza di sé, si prova maggiore soddisfazione sia in ambito lavorativo che in ambito relazionale, la propria felicità percepita è più elevata e ansia, stress e depressione colpiscono più raramente.

La seconda categoria, quella dell'autoconsapevolezza «esterna», è determinata dalla nostra capacità di comprendere come ci vedono le altre persone. Le ricerche evidenziano che chi coltiva questa forma di consapevolezza di sé è più abile nel mostrare empatia e nel cogliere il punto di vista delle proprie interlocutrici. Le leader che vedono se stesse come vedono le persone che lavorano con loro tendono a costruire rapporti migliori, a sentirsi più soddisfatte e a considerare il lavoro altrui più efficace in generale.

Se stai ipotizzando che un tipo di autoconsapevolezza sia legata all'altra (ovvero, che chi ha più consapevolezza interiore ha anche più consapevolezza esterna), sappi che in realtà non è così. Le evidenze empiriche lo dimostrano.

IMPARARE DALL'ESPERIENZA

Contrariamente a quanto ci piacerebbe credere, la verità è che le ricerche scientifiche hanno dimostrato che le persone raramente imparano dall'esperienza, che la competenza non necessariamente aiuta a sradicare le fake news e che anzi, proprio chi si considera più preparata rischia di non approfondire, di non cercare smentite e non mettere in discussione le proprie convinzioni.

In maniera molto simile, maggiore è il potere che una persona in posizione di leadership detiene, maggiore è la probabilità che sopravvaluti le proprie capacità e competenze rispetto alle altre persone. Uno studio condotto su oltre 3600 leader in vari ruoli e settori, ha infatti rilevato che, rispetto a quelle di livello inferiore, le prime commettono questo errore di valutazione molto più spesso. Insomma, gli studi dimostrano che, sebbene la maggior parte delle persone ritenga di avere un'ottima consapevolezza di sé, in realtà questo è vero solo per il 15% del totale.

Sono due le spiegazioni principali che vengono fornite per questo fenomeno. La prima: in virtù del loro livello, le dirigenti senior hanno meno superiori che possano fornire loro un feedback sincero. La seconda: maggiore è il potere esercitato da una leader, meno le persone si sentiranno a proprio agio nel fornirle un feedback negativo anche se costruttivo, per paura che ciò danneggi la loro carriera.

Però sappiamo che non dovrebbe essere così. Per poter migliorare, le figure leader dovrebbero, anzi, cercare frequenti feedback critici: da cape, colleghe, dipendenti, dal loro consiglio di amministrazione e così via. Questo è uno degli strumenti di cui dispongono per poter diventare più consapevoli del proprio ruolo e dell'efficacia delle proprie azioni.

Aggiungiamo un pezzetto, sfatando un altro mito: l'introspezione non sempre migliora la consapevolezza di sé. Molte ricerche ribaltano le nostre convinzioni: secondo uno studio pubblicato dalla rivista «Social Behavior and Personality», le persone che fanno più introspezione sono meno consapevoli di sé e sperimentano una peggiore soddisfazione e un minore livello di benessere sul lavoro.

Però, cerchiamo di essere chiare: il problema non è che l'introspezione sia categoricamente inefficace, ma che la maggior parte delle persone tende a portarla avanti in modo errato. Per capirlo, diamo un'occhiata alla domanda introspettiva probabilmente più comune: «Perché?». Ce lo chiediamo quando cerchiamo di comprendere le nostre emozioni («Perché preferisco la collega A rispetto alla collega B?»), il nostro comportamento («Perché mi sono arrabbiata con quella collega?»), o i nostri atteggiamenti («Perché sono così contraria a questo accordo?»). A quanto pare, però, il «Perché?» è una domanda di autoconsapevolezza sorprendentemente inefficace.

Una ricerca significativamente intitolata *When asking «why» does not hurt* (Quando chiedersi perché non fa male), pubblicata dal National Library of Medicine statunitense, ha infatti dimostrato che semplicemente non abbiamo accesso a molti dei pensieri, dei sentimenti e delle motivazioni inconsce che stiamo cercando di comprendere. E poiché tutto questo è intrappolato al di fuori della nostra consapevolezza, tendiamo a darci risposte che sembrano vere ma che spesso sono sbagliate. Un'altra conseguenza negativa del chiedersi «Perché?» - soprattutto quando si cerca di spiegare un risultato indesiderato - è che si tratta di una domanda che induce a pensieri negativi e improduttivi.

Le persone molto introspettive hanno anche maggiori probabilità di rimanere intrappolate in «schemi ruminativi», cioè a cadere nella trappola delle più comunemente chiamate «seghe mentali»: tendono a pensare moltissimo a quello che accade, analizzandolo sotto molto punti di vista diversi, spesso faticando a uscire dal loop (ne sappiamo qualcosa, vero, amiche introspettive?).

Quindi, se «Perché?» non è la domanda introspettiva giusta, ce n'è per caso una migliore? E se sì, qual è?

Per aumentare l'autoconsapevolezza produttiva e diminuire la ruminazione mentale improduttiva, dovremmo chiederci «Cosa?», non «Perché?». Le domande focalizzate sul «cosa» ci aiutano a rimanere obiettive e focalizzate sul futuro. Almeno, questo è quello che sostengono John Gregory Hixon e William Swann, i quali hanno svolto il seguente esperimento: hanno dato a un gruppo di studenti e studentesse universitarie un feedback negativo su un test riguardante la loro «socievolezza, simpatia e interesse». Ad alcuni è quindi stato dato del tempo per pensare al «perché» fossero il tipo di persona che era risultato dal test, mentre ad altri è stato chiesto di pensare al «cosa», ovvero a che tipo di persona fossero. Quando i ricercatori hanno poi chiesto loro di valutare l'accuratezza del feedback, le studentesse e gli studenti del «perché» hanno speso le loro energie razionalizzando e anche opponendosi al riscontro ricevuto, le studentesse e gli studenti del «cosa» si sono invece dimostrati più aperti e più disposti a trarne degli insegnamenti.

COLTIVARE UN ORIENTAMENTO ALLA CRESCITA

Sembra roba da guru di Instagram e quindi la butto lì senza filtri: uno degli strumenti che possiamo mettere in campo per contrastare i privilegi e costruire un percorso professionale che ci dia soddisfazione può risiedere nell'orientamento alla crescita. Di cosa sto parlando?

Secondo le psicologhe Paul O'Keefe, Carol Dweck e Gregory Walton, gli individui che credono che passioni e talenti possano essere sviluppati attraverso l'impegno, una buona strategia e la creazione di network, hanno quello che si chiama *growth mindset*, ovvero una mentalità improntata alla crescita. Queste persone tendono a ottenere di più rispetto a coloro che hanno una mentalità meno flessibile, a quanti ritengono che i propri talenti e la propensione verso certi interessi siano innati. Questo, secondo le psicologhe, avviene perché chi ha un *growth mindset* si preoccupa meno di apparire intelligente agli occhi delle altre persone e investe più energia nell'apprendimento e quindi, in questo modo, si costruisce un percorso di crescita.

Se hai una mentalità fissa, invece, qualunque siano le abilità, le competenze e le passioni che possiedi, ritieni siano predeterminate e finite. Allo stesso modo, qualunque cosa ti manchi, continuerà a mancarti, perché penserai che, in fondo, tu sei «fatta così» e che non c'è nulla che possa fare per cambiarti. Come se non bastasse, chi ha questo tipo di mentalità pensa non solo di sé, ma anche delle altre persone che alcune caratteristiche siano «immutabili».

Recentemente, Carol Dweck ha voluto estendere questa teoria anche alle aziende e ha condotto un'ampia ricerca chiedendo a un campione eterogeneo di dipendenti di sette delle mille più grandi imprese societarie statunitensi (cioè quelle inserite nella classifica Fortune 1000) in che misura fossero d'accordo con alcune affermazioni. L'idea di base era questa: se fossero state molto allineate nelle risposte, questo avrebbe significato che l'organizzazione aveva una mentalità prevalentemente fissa. Al contrario, ricevere tante risposte diverse avrebbe significato che si trattava di un'azienda che aveva adottato un *growth mindset*. Un ulteriore obiettivo era quello di esaminare il grado di soddisfazione e benessere delle persone che lavoravano in ciascuno dei due tipi di azienda.

I risultati? Nelle aziende che avevano adottato una mentalità improntata alla crescita, le persone riferivano di sentirsi molto più autonome, incoraggiate alla creatività e sentivano di ricevere il supporto dell'azienda. Al contrario, le persone che lavoravano principalmente in aziende con una mentalità più fissa hanno riportato un minore grado di benessere e segnalato un clima più conflittuale, determinato anche da una più spietata corsa alla promozione.

Visto che abbiamo capito che ci conviene, come facciamo, allora, a coltivare il *growth mindset*? Perché qui non si tratta solo di essere flessibili o di mentalità aperta. Né soltanto di impegnarsi per ottenere i risultati che ci siamo prefissate. E tantomeno stiamo parlando di un atteggiamento fideistico nei confronti dell'universo: non è pensiero positivo.

Uno degli aspetti più provocatori del lavoro di Dweck riguarda il nostro approccio alle sfide. Chi ha una mentalità fissa si tiene alla larga dalle situazioni difficili, perché cerca in tutti i modi di evitare il fallimento. Se poi fallisce comunque, si impegna tantissimo nel razionalizzare il fallimento piuttosto che nel tentativo di imparare da esso e sviluppare le proprie capacità. Chi ha una mentalità di crescita, invece, si concentra sull'apprendimento e sullo sviluppo piuttosto che sul fallimento. Anche perché, diciamocelo: è ovvio che fallire non ci piaccia. Ma, nella maggior parte dei casi, non è poi la fine del mondo!

E se non è andata bene?

Chiedere un aumento salariale o una progressione di carriera e fare un preventivo e sottoporlo a una potenziale cliente sono attività che richiedono una certa audacia. Se è andata bene, corri a festeggiare. Ma se la risposta che hai ricevuto non è stata positiva, non fa niente. Non tutto è performance, non sempre si può avere successo. Non è una tragedia. E poi non è detto che sia sempre, necessariamente, tutta colpa tua. Davvero, magari non era semplicemente il momento giusto. O forse il problema è stato la tua interlocutrice.

Certo, c'è da dire che hai appena ricevuto un rifiuto e che è anche normale che tu ti senta un filo contrariata. Ma è altrettanto importante non lasciarsi abbattere al punto da far sì che questo influisca sulla qualità del tuo lavoro e ostacoli le tue possibilità di un ottenere in futuro ciò che avevi chiesto. Il modo in cui ti comporti in una situazione professionale difficile come questa potrà infatti avere un impatto sulla tua reputazione, spesso a lungo termine.

Come puoi quindi reagire?

Per quanto possibile mantieni una prospettiva positiva. Non è facile e lo sappiamo, ma cerca di non lasciare che il rifiuto che hai ricevuto influenzi negativamente il tuo impegno, la tua motivazione e neppure la tua autostima. Focalizzati sulle opportunità di crescita e miglioramento e continua a dimostrare il tuo valore attraverso un lavoro di qualità e un atteggiamento professionale.

Puoi anche riprovarci. A volte, lo abbiamo visto, è il contesto che ti ostacola, ma forse c'è qualcosa che puoi fare per raggiungere gli obiettivi richiesti dal mercato o dall'azienda in cui lavori.

Ma ricorda anche che puoi sempre cambiare: non smettere mai di guardarti intorno! Se sei una professionista, il mondo là fuori è pieno di potenziali clienti. Se sei una dipendente e vedi che, nonostante i tuoi sforzi, le tue prospettive non migliorano nel tempo, forse è arrivato il momento di esplorare nuove opportunità. Potresti voler cercare una nuova azienda in cui lavorare. O magari, perché no, dare vita a una tua società!

ABBRACCIARE IL FALLIMENTO E RIPROVARE

Hai presente il gioco di enorme fama e successo *Angry Birds*? Dal 2003 fino al 2009, anno del suo lancio, Rovio (l'azienda finlandese che lo ha creato) aveva conosciuto praticamente solo fallimenti. Aveva sviluppato e pubblicato cinquantuno giochi, tutti andati malissimo. Su tutti i propri fallimenti, Steve Jobs ha costruito un impero. Sir James Dyson (sì, proprio lui: il signor Dyson, quello che ora è famoso per l'asciugacapelli), nel corso di quindici anni, ha dato vita a 5126 prototipi prima di riuscire a creare l'aspirapolvere senza sacchetto più venduto nel mondo (grazie al quale ha creato un patrimonio netto di 4,5 miliardi di dollari – non milioni, miliardi!).

Cosa voglio dire con questo? Che ci sono molti motivi per cui puoi non raggiungere i tuoi obiettivi, ma anche che fallire è naturale. E, perfino, che il fallimento può essere fondamentale per la crescita. Se riesci a capire cosa è andato storto e perché, saprai cosa evitare o modificare in futuro per evitare che si ripeta.

È chiaro che, mentre lo vivi, il fallimento non sia per niente divertente e che ci voglia il tempo necessario per riuscire a guardarti indietro e a riconoscerlo anche per l'occasione che può essere. Ma puoi smettere di considerarlo come la fine del mondo e vederlo semplicemente come una tappa del tragitto che ti condurrà al raggiungimento dei tuoi obiettivi.

Lo so che può sembrare difficile, d'altronde siamo state educate a temere il fallimento. Nella nostra cultura, più che in altre, mette la parola fine a qualunque iniziativa, magari a un'intera carriera o alla migliore idea imprenditoriale. Una volta che hai fallito, sei fuori. Anche perché il fallimento è legato a doppio giro all'assunzione di colpa. Del resto, lo impariamo sin da bambine: ammettere il fallimento significa prendersene la responsabilità.

Allora, a prescindere dal fatto che, personalmente, tutta questa retorica del successo e del fallimento mi repelle, impariamo a conoscerlo, questo ostacolo tanto temuto. E anche a superarlo e a guardare avanti. Impariamo a sviluppare l'*empowerment*, cioè a riconoscere a noi stesse che non siamo perfette e che sbagliare è nell'ordine delle cose. Anzi, uscire dalla spirale della perfezione è, per le donne, un vero e proprio atto rivoluzionario.

Ripetiamolo: alcune volte, non si riesce a ottenere ciò che si vuole. Anche con la migliore delle volontà, anche se ci abbiamo messo tutto l'impegno possibile. Anche quando noi (e questo ci ferisce di più) a quell'obiettivo teniamo tanto, davvero. Alcune volte ce la si fa, altre no. E va bene così. Questi non sono fallimenti. E soprattutto, non sono fallimenti sistematici.

Quello che intendo dire è che, anche se non hai raggiunto il risultato a cui tanto ambivi una volta, due volte, tre volte, non vuol dire che non ci riuscirai la prossima.

Stabilito questo, cerca di analizzare la situazione.

Se hai mancato un obiettivo che per te è importante in più di un'occasione ciò può essere dovuto a tre tipi di fattori.

1. UN DISEQUILIBRIO TRA OBIETTIVI DI BREVE E LUNGO TERMINE

A volte, sotto la pressione di dover raggiungere obiettivi urgenti (e quindi, a breve termine), non dedichiamo ai progetti a lungo termine il tempo che meriterebbero. Pare proprio che il nostro cervello sia programmato per preferire compiti che danno risultati immediati o quasi (e, quindi, soddisfazione immediata), piuttosto che quelli il cui beneficio si raccoglie soltanto sul lungo periodo.

Ma ora che lo sai, che fai: rimani così? Ovviamente no! Cosa puoi fare allora per contrastare questa tendenza? Innanzitutto, sforzarti di creare uno spazio regolare, quotidiano, settimanale, per coltivare tutte le azioni necessarie al conseguimento di quell'obiettivo. Il tuo sogno nel cassetto è scrivere un libro? Bene, dedica a questa attività due ore a settimana, ogni settimana. Anche se non è una delle tue priorità. Anche se hai altre cose più urgenti da fare. Lenta e inesorabile, verso la meta. Allo stesso modo, come abbiamo visto, se vuoi ottenere una promozione, ma ti manca una competenza (ad esempio, devi rafforzarti nel *public speaking*), puoi rimediare frequentando un corso.

2. FAI FATICA A DARTI DELLE PRIORITÀ

È probabile che, anche inconsapevolmente, tu tenda a dare priorità a ciò che è più facile realizzare piuttosto che a ciò che per te sarebbe davvero più importante. Uno dei migliori esempi è quello delle mail.

La maggior parte di noi tiene aperto il programma di posta elettronica tutto il giorno. Ogni volta che arriva un nuovo messaggio, la tentazione di interrompere quello che si sta facendo è troppo forte: rispondiamo alla mail e ci sembra di essere super efficienti. Ma questo ci allontana dal lavoro (sicuramente più complesso) che stavamo facendo. E allora? A meno che di professione non salvi vite, potresti provare a tenere chiusa la posta elettronica per un'ora al giorno e vedere che succede. Stessa cosa per le notifiche social (io le ho silenziate tutte, si vive benissimo lo stesso!).

Altro trucchetto: programmati dei promemoria sul telefono che ti ricordino gli obiettivi che non riesci a raggiungere (tipo: «Scrivi il libro»). Alcune ricerche recenti suggeriscono che questi promemoria attivano delle azioni, anche se ti sembra quasi di non averli visti.

3. MAGARI STAI SEMPLICEMENTE LAVORANDO TROPPO

Può sembrare controintuitivo, ma anche se vuoi raggiungere un obiettivo a cui tieni molto, lavorare fino a sfinirti non ti aiuterà. E questo è vero anche nelle aziende.

Molti luoghi di lavoro e molti settori (penso, ad esempio, a quello della finanza) creano pressioni perché le persone rimangano in ufficio ben oltre le consuete otto ore lavorative (che già sono tante). In certi posti vengono persino messe a disposizione brande e divani letto per chi vuole fermarsi fino a notte inoltrata, e chi esce magari alle 19,00 si sente apostrofare con: «Ah, oggi si fa tempo corto?».

Allora, va da sé che questo è un approccio problematico, e non solo per la vita delle persone ma anche per i risultati aziendali (paradossalmente). Prendiamo il caso italiano: noi abbiamo, storicamente, un problema di produttività troppo bassa. E questo è incredibile, a prima vista, perché secondo i dati Ocse l'Italia è uno dei Paesi europei dove si lavora per più ore. Eppure, nel 2022 la produttività del lavoro è ancora diminuita, a fronte di un nuovo aumento delle ore lavorate.

Non dovremmo stupirci: molte ricerche, sin dal secolo scorso, dimostrano una relazione inversa tra numero di ore lavorate e livello di produttività. Detto in altri termini: più ore di lavoro sappiamo di avere di fronte, meno siamo produttivi. Ma questa, del resto, è una dinamica con la quale ci scontriamo in moltissimi momenti della nostra vita. Quante di noi, di fronte a una scadenza, cincischiano fino all'ultimo momento per poi ridursi alle ultime ore e buttarsi in un rush finale al cardiopalma? Ecco, tante.

Non a caso, in qualche Paese e anche in alcune aziende si sta iniziando a ragionare e, in alcuni casi, a sperimentare la giornata lavorativa corta o la settimana di quattro giorni. Ha iniziato l'Islanda, testando dal 2015 la settimana di quattro giorni per 35-36 ore di lavoro. Uno dei principali risultati rilevati dalle aziende? Proprio una maggior produttività. In Nuova Zelanda ha aperto la strada Unilever, nel 2018, seguita da iniziative promosse dallo stesso governo. Nel 2020, la Finlandia ha annunciato questo esperimento: quattro giorni, sei ore e stesso stipendio. L'anno scorso a introdurre la settimana corta è stato il Belgio: quattro giorni anziché cinque. Ma senza riduzione di orario: semplicemente, la possibilità di condensare le ore lavorative in meno giorni. Nel Regno Unito, 61 aziende hanno aderito volontariamente a un progetto pilota per ridurre la settimana lavorativa a quattro giorni. Più recentemente, Lamborghini ha ridotto a quattro i giorni lavorativi, aumentando anche gli stipendi.

La settimana lavorativa e l'orario lavorativo, per come li conosciamo, sono un lascito di un sistema produttivo industriale ad alta intensità che, nei Paesi ricchi e in molti settori produttivi, non ha più senso di esistere.

Tanto più che, come abbiamo visto, quando lavoriamo meno ore, aumenta la produttività.

Insomma: può darsi semplicemente che tu debba lavorare meno ore, ma concentrare meglio il tuo tempo e le tue energie per raggiungere il tuo obiettivo.

LE CINQUE AREE DI CRESCITA DA CUI RIPARTIRE

Anche se buttarsi giù può essere una prima reazione del tutto naturale, puoi approfittare di questo momento di stallo anche per costruire.

Come sempre, riparti da te. Non tutto è sotto il tuo controllo, quindi focalizzati su ciò che lo è. Non dipende da te, per esempio, se l'azienda non fa chiarezza sulle tue opzioni di carriera, ovvero se inizialmente ti fa credere che ci saranno prospettive di crescita che poi invece non sono realizzabili. Non dipende da te neppure il fatto che la tua capa possa mostrarsi meno che entusiasta nell'aiutarti a ottenere l'aumento. Invece, quello che puoi fare tu è capire come usare questi fattori (ricordandoti, peraltro, che il lavoro - che pure è fondamentale - non è che una parte della tua vita, che naturalmente si compone anche d'altro, com'è normale e giusto che sia).

Iniziamo dalla cosa più facile: uno degli aspetti della tua vita lavorativa che ricade sotto il tuo controllo è quello legato alla ricerca di informazioni.

Se la tua richiesta non è andata bene perché magari non era il momento giusto, puoi sempre usare quanto accaduto per ricevere dei feedback sui quali costruire il tuo percorso futuro. Puoi partire dal modo in cui la tua organizzazione percepisce te, le tue capacità e le tue prestazioni. È importante, perché l'analisi che la tua manager e, in generale, l'azienda in cui lavori fanno sulle tue competenze, sul tuo contributo personale e sulle tue prestazioni (insieme all'andamento dell'economia mondiale e nazionale, alla performance aziendale e alle politiche adottate dalla tua società per l'assegnazione di promozioni e aumenti) determina la tua probabilità di ottenere aumenti e promozioni.

Per decidere su quali aspetti lavorare e concentrarti per raggiungere il tuo obiettivo (cioè l'aumento o la promozione) puoi prendere spunto dalle cinque aree di crescita che tradizionalmente vengono misurate per valutare il grado di maturità di una persona nell'azienda e la sua conseguente possibilità di ottenere quanto chiede. (Disclaimer: in questo paragrafo parliamo soprattutto alle dipendenti, ma alcuni spunti possono essere utilissimi anche a professioniste e imprenditrici.)

1. AUTOCONSAPEVOLEZZA

Ne abbiamo parlato approfonditamente nel capitolo precedente: le persone più consapevoli di sé hanno performance più alte al lavoro. Ma mi sento di dire che questa è un'area che è indispensabile a qualunque persona adulta possa ritenersi una cittadina (e anche un'elettrice) dignitosa.

A ogni modo, quando parliamo di lavoro, essere introspettiva e riflettere accuratamente sui tuoi comportamenti, sulle tue emozioni e sui tuoi atteggiamenti ti permette (anche) di comprendere meglio quali sono i tuoi punti di forza e di debolezza, cosa puoi ancora imparare o migliorare. E questo rappresenta un evidente valore aggiunto per chi ha il compito di valutare le tue richieste.

2. AUTOCONSAPEVOLEZZA ESTERNA

Anche questo è un punto che abbiamo già trattato, ma da tenere in considerazione non solo per la tua vita professionale! Limitandoci all'ambito lavorativo, questo può essere un buon momento per accrescere la tua consapevolezza rispetto all'impatto che tu e il tuo lavoro avete sulle persone che ti sono intorno. Puoi prendere spunto dal feedback che hai ricevuto in merito al lavoro che svolgi, rispondendo a una domanda importante: come credi che si sentano le altre persone, a lavorare con te? Quanto sono solidi e sinceri i tuoi rapporti di lavoro? Quanto riesci a costruire comunità nel posto in cui porti, ogni giorno, le tue esperienze e le tue competenze?

Se ti rendi conto che finora non sei stata capace di instaurare buone relazioni con colleghe e superiori, di circondarti di persone che ti sostengono e di creare un team di lavoro che funziona e in cui si lavora in modo sereno, comincia a darti da fare perché il supporto di questa rete è indispensabile per il raggiungimento dei tuoi obiettivi (oltre che per il tuo benessere quotidiano).

3. PENSIERO STRATEGICO

Ecco, qui stiamo parlando della tua capacità di comprendere il contesto più ampio in cui tu, il tuo team e la tua azienda operate. Ad esempio, mettendo a fuoco quali siano le principali priorità del tuo gruppo di lavoro e perché, quali le opportunità di business, quali i vincoli della società. Ma anche in che modo il tuo ruolo e il tuo operato quotidiano possano rimuovere questi ostacoli e aiutare a raggiungere gli obiettivi importanti per l'azienda in cui lavori.

4. POSIZIONAMENTO D'INFLUENZA

Qual è la tua credibilità? Quanto le persone con cui lavori si affidano a te o danno credito alle tue opinioni? Qui non si tratta solo della tua professionalità o degli obiettivi che sei in grado di raggiungere (che pure, ovviamente, contano), ma anche della tua capacità di comunicazione e del tuo stile di leadership. Sei una persona che riesce a mantenere la calma anche sotto pressione? In che modo gestisci eventuali conflitti che possono insorgere con le colleghe? Riesci a comunicare in maniera efficace, convincente e pacata? Queste capacità ti vengono riconosciute sia all'interno sia all'esterno dell'organizzazione? Se così non fosse, puoi provare a lavorarci su: sono numerosi i corsi mirati allo sviluppo di competenze in quest'ambito. Prova a dare loro un'opportunità.

5. LEADERSHIP DI PENSIERO

Come dicevamo, se non consideri la vita a compartimenti stagni, non ti sorprenderà la necessità di fondere, in qualche modo, i diversi ambiti. E questo significa partire dalle conoscenze, dalle competenze e dalle peculiari abilità che possiedi in un certo campo e sfruttarle in una prospettiva più ampia: come le condividi, all'interno e all'esterno della tua azienda? Ad esempio, se ami fare volontariato, perché non provi a introdurre nella tua azienda il volontariato di competenza, ovvero la possibilità di prestare parte del proprio tempo lavorativo a una buona causa legata all'attività aziendale? In molte banche, le persone devolvono parte del proprio tempo per fare educazione finanziaria nelle scuole (giusto per fare un esempio).

CHIEDI L'OPINIONE ALTRUI

Ora, sicuramente tu sai meglio di chiunque altro quale sia l'impegno che profondi quotidianamente in ciascuna delle cinque aree che abbiamo appena visto, ma per usare un rifiuto e prepararti al meglio al futuro, dandoti una nuova chance per richiedere l'aumento o la promozione che vuoi, puoi spingerti ancora oltre. E chiedere esplicitamente anche ad altre persone un feedback riguardo alle tue «prestazioni» in queste cinque aree. Se non l'ha già fatto, ovviamente puoi iniziare dalla tua capa, sapendo però che non è l'unica persona che può darti queste informazioni.

Per avere una visione quanto più completa possibile del tuo lavoro e del tuo impatto, identifica cinque principali *stakeholder* (anche detti «portatori di interessi», cioè tutti i soggetti coinvolti in una certa attività e che traggono benefici dal buon andamento dell'attività stessa. Nel caso di un'azienda, per esempio, sono *stakeholder* tanto il personale quanto le aziende fornitrici e la proprietà) che possono darti un feedback onesto e prezioso. Oltre alla tua capa, potrebbero essere le colleghe con cui lavori ogni giorno, ma anche qualcuna di un altro dipartimento con cui hai avuto occasione di collaborare, oppure perfino mentori o colleghe senior fidate. Non preoccuparti di essere troppo diretta: puoi spiegare loro che stai delineando una strategia per raggiungere i tuoi obiettivi e che apprezzeresti molto i loro spunti e le loro intuizioni.

Questo è un esercizio nel quale ci mettiamo profondamente in discussione, quindi proteggiamoci cercando di renderlo il più razionale possibile. Cosa puoi fare? Ascolta attentamente le risposte che ricevi, prendi appunti e ringrazia. Fai domande solo se hai bisogno di chiarimenti riguardo al loro feedback, ricordandoti che le esperte della tua reputazione sono le persone con cui lavori, non sei tu! Le loro prospettive influenzano la fiducia che hanno in te e il desiderio di interagire con te o promuoverti e questo è quello che ti serve per raggiungere i tuoi obiettivi.

Attenzione: non è detto che abbiano sempre, tutte, automaticamente ragione! Se la percezione che qualcuna ha di te è molto diversa da quella emersa dalla tua autoanalisi non accettarla ciecamente: cerca prove per convalidarla, chiedi alle altre persone se anche loro pensano la stessa cosa di te. Se il feedback viene effettivamente confermato da molte persone, allora, a quel punto, hai la consapevolezza necessaria per cambiarlo.

Ma forse questa può anche essere l'occasione per riflettere se sia giusto per te rimanere in quell'azienda o se non sia arrivato il momento di esplorare nuove opportunità. Il fatto che non fosse il momento giusto per accogliere la tua richiesta di aumento non può essere certo l'unico fattore scatenante. Ma può aiutarti a stabilire se, dove sei, puoi trovare effettivamente quello che stai cercando per la tua vita lavorativa.

Per prima cosa, puoi cercare di capire se e quando arriverà mai, per te, un momento giusto per ottenere l'agognato aumento e, se sì, qual è una tempistica realistica. In alcune aziende, per esempio, si richiede un numero minimo di anni di esperienza lavorativa. Se queste opportunità non sono collocate temporalmente in un futuro troppo lontano, potrebbe aver senso rimanere dove sei. Ma se invece le risposte che ricevi ti lasciano insoddisfatta, cercare delle alternative diventa una valida opzione.

Anche in questo caso, parti dai dati: dai tuoi obiettivi professionali, personali e finanziari, prima di tutto. E poi, pianifica la tua prossima mossa.

NON È IL CASO DI VERGOGNARSI

Cosa faresti se una tua amica venisse da te, raccontandoti che ha provato a ottenere un aumento, una promozione o un incarico e non ci è riuscita? Con ogni probabilità, la conforteresti, cercheresti di consolarla, le daresti buoni consigli per rimettere insieme i pezzi e tornare alla carica. E con te stessa, cosa fai?

Metti al bando qualsiasi possibile senso di colpa o di vergogna. Come abbiamo già detto, sviluppa l'*empowerment*. Per farlo puoi semplicemente abbracciare chi sei e trattarti nello stesso modo rispettoso ed empatico con cui tratteresti le altre persone.

Prendiamo in prestito il lavoro di Andy Molinsky, professore alla Brandeis International Business School, dove insegna come agire al di fuori della propria zona di comfort. Con i suoi studi, Molinsky ci prova che:

1. Siamo più flessibili di quanto crediamo. Siamo abituate ad adattare il nostro comportamento a contesti diversi, spesso tarandolo a seconda delle persone con cui interagiamo. Non sarà la prima volta che ricevi un rifiuto: sicuramente ti è già successo, hai già riadattato e modificato il tuo comportamento, puoi farlo di nuovo.

2. Siamo più coraggiose di quanto pensiamo. Considera tutte le cose che hai già fatto nella tua vita che ti hanno richiesto molto coraggio. Pensa a quando sei andata a vivere da sola, a quando hai cambiato lavoro, ai colloqui che hai fatto, a quando hai creato la tua impresa. Ricorda quanto sei stata coraggiosa ogni volta che hai dovuto affrontare una situazione al di fuori delle tue zone di comfort.
3. Possiamo preoccuparci di meno. Spesso, ci fissiamo sul peggior scenario possibile: «Non avrò mai più l'aumento», «Non troverò altre clienti» e così via. Ora, è chiaro che le cose possono sempre andare male. E che, se vanno male, possono andare anche peggio. Ma questa è solo una delle possibilità, che magari in questo momento tendi a sovrastimare perché hai appena ricevuto un rifiuto e quindi probabilmente sei ferita e arrabbiata. Ma spesso la realtà è molto meno terrificante di quanto si possa credere.
4. Abbiamo più risorse di quante immaginiamo. Quando affronti una situazione davvero difficile, spesso ti senti vulnerabile, a volte perfino senza speranza. Ma cerca di vedere e di valorizzare tutte le risorse che puoi utilizzare. E chiedi aiuto (questa è un'altra delle cose che le donne fanno raramente). Probabilmente intorno hai amiche, colleghe o mentori a cui rivolgerti per rimetterti a fuoco e rialzarti. Considera tutte le risorse che puoi utilizzare per rendere questo momento più tollerabile. E perfino costruttivo.

PROVA A CONTRATTARE ALTRO

Lo abbiamo già detto: lo stipendio, il denaro non è tutto.

Quindi, se hai provato a ottenere un aumento e hai ricevuto un rifiuto, potresti magari cogliere l'occasione per rilanciare contrattando su altro. Potresti volerti prendere più tempo per te, magari per fare quel master che rimandi da tempo o quel lungo viaggio per il quale non sembra mai il momento giusto. Insomma, visto che non hai ottenuto l'aumento, perché non contrattare sul tempo? Questa è una richiesta che puoi fare nell'occasione stessa in cui hai negoziato l'aumento o la promozione e non l'hai ottenuta: può semplicemente essere un rilancio. Quindi, se questa opzione può interessarti, arriva alla negoziazione già pronta con questo piano B.

Attenzione: non sarà facile. In molte aziende, negoziare sul tempo è ancora più difficile che negoziare sul denaro. Questo significa che è una richiesta che potrebbe non rientrare negli schemi tradizionali dell'azienda in cui lavori e che quindi, per convincerla, forse dovrai essere particolarmente creativa. Ma non significa che il tuo obiettivo sia impossibile da ottenere! Basta arrivare alla negoziazione preparata.

Come puoi aiutarti?

Parti sempre da te e dal valore che porti all'azienda. Perché, ovviamente, sarà più facile ottenere un sì se hai di fronte una controparte che comprende quale sia il tuo contributo, lo apprezza e quindi non vuole che tu te ne vada. Certo, c'è anche da dire che, se sei davvero indispensabile, sarà più difficile che accettino un tuo lungo momento di pausa... Rifletti su eventuali obiettivi a lungo termine che l'azienda potrebbe avere per te e su come sarebbero influenzati, positivamente o negativamente, da questa tua richiesta.

Considera poi anche i rischi personali: potresti perdere delle opportunità mentre sei lontana, e un congedo prolungato potrebbe giocare contro di te quando tornerai all'attacco per chiedere di nuovo un aumento o una promozione. Ma se, dopo aver considerato tutto questo, pensi comunque di essere in una buona posizione per chiedere un congedo, non ci sono motivi per non provare.

Può aiutarti sicuramente definire bene i tuoi obiettivi e condividerne i dettagli. Ad esempio, grazie all'esperienza che vorresti fare durante il congedo otterrai nuove competenze che potrai utilizzare quando tornerai al lavoro? O anche: sei vicina al burnout e devi staccare per poter tornare a lavorare al meglio? Ecco, la tua richiesta di congedo (eventualmente anche non retribuito) ha più probabilità di essere accolta se viene presentata come un'occasione di sviluppo, come qualcosa che potrebbe restituire valore all'azienda. Sapere esattamente cosa speri di ottenere dal tuo tempo aumenta le probabilità che gli altri sostengano i tuoi obiettivi.

Può essere prezioso anche informarsi per capire se qualcuna l'ha già fatto prima di te. Prova a chiedere alle risorse umane se esistono politiche aziendali in atto che consentono il congedo non retribuito e se qualcun'altra ne ha beneficiato sinora. Poi, detto questo, non scoraggiarti se non riesci a trovare un precedente. Solo perché sei la prima, non significa che otterrai un rifiuto, soprattutto se lo negozi dopo non aver ottenuto un aumento o una promozione.

Dovrai certamente considerare tutte le potenziali obiezioni: potrebbero esserci molti motivi, anche legati all'organizzazione del lavoro, per cui potresti ricevere un no. Ma quello che puoi fare tu è renderlo il più accettabile possibile all'azienda.

E allora, prova a pensare agli obiettivi e anche alle preoccupazioni della persona che ti siede di fronte e a cercare di presentare questa tua richiesta come un'opportunità, non solo per te, ma anche per l'azienda. Potresti delineare le nuove competenze o le nuove idee con cui tornerai. O anche, i contatti professionali che potresti creare. Se hai semplicemente bisogno di una pausa, spiega perché ritieni che questo migliorerà le tue prestazioni una volta che sarai tornata. Se possibile, porta sul tavolo più opzioni.

E SE VUOI LASCIARE IL LAVORO?

Può darsi che per te quel riconoscimento fosse molto importante, che quella progressione di carriera per te significasse essere vista e riconosciuta per quello che vali dall'azienda in cui lavori. Può darsi che quell'aumento ti servisse davvero per far fronte alle tue spese. Può darsi che non sia la prima volta che vai a negoziare e che questo sia l'ennesimo no.

Le motivazioni per cui puoi decidere che è arrivato il momento di guardare altrove sono molte. Nel corso degli ultimi anni, a dimettersi dal proprio posto di lavoro sono state moltissime persone, al punto che a questo fenomeno si è dato un nome preciso: le *Great Resignation* o «grandi dimissioni». Negli Stati Uniti, dove il fenomeno si è originato, nel 2021, secondo i dati dello US Bureau of Labor Statistics, si sono dimessi volontariamente oltre 47 milioni di persone. E nel 2022 è andata ancora peggio, con quasi 51 milioni di persone che hanno lasciato il proprio lavoro.

E in Italia? Se nel 2021 sono state registrate quasi 2 milioni di dimissioni, nel 2022 si sono superati i 2,2 milioni, con un aumento di oltre il 35% rispetto al 2019. Le motivazioni, come dicevamo, sono svariate, ma un filo comune sembra essere proprio quella mancanza di senso di cui parlavamo prima, ovvero il fatto di non comprendere il proprio contributo, il valore apportato al lavoro, né tantomeno il fine ultimo della missione aziendale.

Quindi, cose fare (o evitare) se un esito negativo della negoziazione ti ha spinto a unirti ai milioni di persone che hanno deciso di lasciare il proprio lavoro?

Cosa sogniamo tutte? Entrare nella stanza della capa, dire con una certa sicumera: «Io me ne vado!», sbattere la porta e andare via.

Bello, eh? Ma sappiamo che non è la cosa più lungimirante da fare.

Partiamo da un dato: nel nostro Paese, il mercato del lavoro non è per niente flessibile, il posto fisso (soprattutto se pubblico) è stato l'obiettivo di intere generazioni e, fino a poco tempo fa, il fatto di cambiare molti lavori veniva perfino visto con sospetto. Nelle generazioni più *âgée*, questo è ancora vero, ma per le figure più junior il mercato del lavoro è oggi completamente diverso.

Stando ai dati pubblicati nella ricerca realizzata da Digit'Ed, rispetto al periodo precedente al Covid il numero dei lavoratori che cambia azienda dopo due anni dall'assunzione è aumentato di oltre il 40% e questo è particolarmente vero nel settore bancario (+81%), in quello delle utilities (+71%) e nel commercio (+35%).

Negli Stati Uniti, un Paese in cui il mercato del lavoro è incredibilmente più flessibile del nostro (con tutti i risvolti, sia positivi che negativi, che ne conseguono), le lavoratrici, in media, rimangono nello stesso posto di lavoro per 4,6 anni, secondo i dati del Bureau of Labor Statistics.

Quindi, cosa fare se proprio te ne vuoi andare?

Innanzitutto, decidi tu il tono. Secondo Leonard Schlesinger, professore alla Harvard Business School e coautore di *Just Start* (Inizia) insieme a Charles Kiefer e Paul Brown, come inizi e come finisci sono le parti più importanti di qualsiasi relazione professionale (e, mi viene da dire, non solo). Il problema è che la maggior parte di noi tende a dedicare molto tempo e molte energie per dare di sé una buona prima impressione, e raramente pensa molto alle ultime. Lasciare il lavoro per qualsiasi motivo, che sia perché sei profondamente infelice, perché quell'aumento non concesso è stata un'ingiustizia o anche perché stai intraprendendo una nuova opportunità, è comunque un momento delicato, che va gestito con intelligenza e raziocinio.

Ecco qualche consiglio pratico.

SII FLESSIBILE

Considera che, soprattutto se ricopri un incarico di responsabilità, potrà essere difficile trovare una persona in grado di sostituirti. Se non hai già un altro lavoro, valuta se rimanere anche un pochino oltre quanto pattuito.

INFORMA TUTTE LE PERSONE E PER PRIMA LA TUA SUPERIORE DIRETTA

Non vorrai certo che venga a saperlo da qualcun'altra... Senza considerare che, in un mondo iperconnesso, più sei trasparente più è probabile che tu possa conservare relazioni che già hai. Le ex colleghe sono una parte cruciale della tua rete e, per questo, è bene che le relazioni con loro restino il più serene possibile.

E mi raccomando: non dare spiegazioni diverse riguardo il motivo per cui te ne vai. Una sola storia, una sola versione. Rimani sempre aderente a quella.

FAVORISCI UNA TRANSIZIONE LINEARE E POSITIVA

A prescindere dalle motivazioni per cui hai deciso di lasciare questo lavoro, hai una sola vera responsabilità rispetto all'azienda in cui hai lavorato: agevolare il tuo percorso di uscita. E questo ti sarà più facile se riuscirai ad aiutare chi prenderà il tuo posto a entrare nel vivo dell'azione, nei tempi più rapidi possibili. Non secondariamente, questo ti sarà anche molto utile per far sì che la capa e le persone che stai lasciando conservino di te e della tua professionalità un'immagine positiva.

ESPRIMI GRATITUDINE

La gentilezza è punk. La gentilezza è rivoluzionaria. E anche se stai lasciando un luogo di lavoro in cui non hai stretto amicizie o relazioni particolarmente solide, cerca di sforzarti e di focalizzarti su quegli aspetti per i quali poter comunque esprimere gratitudine.

E SE SEI TU L'IMPRENDITRICE? IMPEGNATI PER CREARE VALORE

A questo punto, se sei un'imprenditrice, forse ti starai facendo qualche domanda. Quanto vale, ad esempio, un lavoro che abbia un senso? Come posso capire se le persone trovano un senso nel lavoro che svolgono nella mia azienda? E come posso migliorare, se il valore del lavoro non è chiarissimo a tutte le mie persone?

Ne abbiamo parlato nel capitolo 4, nonostante i vantaggi evidenti e per tutti di un lavoro significativo, le aziende tendenzialmente non riescono a fornirlo. Dallo studio emerge che solo una persona intervistata su venti ha valutato il proprio lavoro attuale come il lavoro più significativo che potesse immaginare di avere.

Questi dati sono, per chi fa impresa, certamente una sfida. Ma possono essere anche un'opportunità: se ti trovi di fronte a una persona di talento che pone condizioni chiare per restare o meno nella tua azienda, non puoi non rispondere. E ci sono alcuni punti importanti dai quali partire.

Uno può essere rafforzare le reti di supporto, che creano un senso di appartenenza condivisa. Le persone che sperimentano un forte sostegno sul posto di lavoro trovano maggiore significato nel lavoro stesso. Quelle che hanno segnalato alti livelli di supporto hanno dato anche punteggi superiori del 47% nella misurazione del senso del proprio lavoro rispetto a quante percepiscono uno scarso supporto reciproco. E rilancio: il senso di uno scopo collettivo e condiviso del proprio lavoro, che emerge nelle culture aziendali più forti, rende il personale anche più fedele. Tra coloro che sperimentano sia il supporto sociale sia un senso di scopo condiviso, il rischio medio di turnover si riduce del 24% e la probabilità di ottenere un aumento sale del 30%, rispetto a quelle che sperimentano il supporto sociale, ma non percepiscono lo scopo del proprio lavoro. E allora, bisogna crearli questo senso di appartenenza e queste reti di supporto, bisogna fare in modo che le lavoratrici siano coscienti e soddisfatte del proprio apporto. Bisogna condividere con le persone che lavorano quale sia lo scopo generale dell'azienda, in modo che vedano più facilmente quanto il loro lavoro sia significativo.

Un altro punto su cui lavorare è quello legato alla creatività e all'apporto individuale: quando si offre a chi lavora per noi l'opportunità di impegnarsi in modo creativo, condividendo le proprie conoscenze e sentendosi davvero parte del processo, è l'azienda stessa a trarne vantaggio. Peraltro, spesso proprio chi si occupa degli incarichi più operativi e quindi conosce bene i processi aziendali può essere una preziosa miniera di spunti per migliorare il flusso di lavoro. Coinvolgere queste persone, sollecitando un loro feedback, può inoltre avere un enorme impatto sull'esperienza di creazione di significato e valore.

Già nel 1997, uno studio condotto dalle economiste Casey Ichniowski, Kathryn Shaw e Giovanna Prennushi dimostrava che apportare modifiche innovative nel management delle risorse umane (come permettere alle persone che lavorano in azienda di ottenere una maggiore flessibilità, offrire incentivi legati agli obiettivi e favorire il lavoro di squadra) apportava dei benefici quantitativi anche in termini di risultati aziendali, stimati in un incremento del 3,5% della produttività e in un conseguente aumento di 1,2 milioni di dollari di profitto. Infine, sii consapevole che non tutte le persone tendono a dare lo stesso valore al lavoro. Le ricerche, ad esempio, dimostrano che le lavoratrici più in là con l'età e coloro che sono genitori trovano più senso nel proprio lavoro rispetto alle persone più giovani e a quelle senza figlie.

Ancora, le persone che lavorano in certi settori (come quello sanitario, dell'istruzione o dell'assistenza sociale) trovano più senso rispetto a chi, ad esempio, si occupa di amministrazione o di trasporti.

Insomma, il tradizionale rapporto di lavoro tra datrice di lavoro e dipendente, basato semplicemente sullo scambio di denaro in cambio di lavoro, ormai non funziona più. Le persone chiedono significato al proprio lavoro e, in cambio, garantiscono più impegno, più lealtà e più produttività. Insomma, ci guadagnano tutti.

Perciò, anche tu non puoi più tirarti indietro!

ORA SEI PRONTA

Quando ho pensato a questo libro, l'ho immaginato come la borsa di Mary Poppins: un luogo magico dal quale poter tirare fuori quello che ti serve, quando lo desideri o ne hai bisogno.

Soluzioni altrettanto magiche e universalmente valide non ne ho: ogni persona è un universo, ogni esperienza assolutamente unica.

Quello che so, però, è che possiamo provare a prenderci più spazio. So che possiamo chiedere quello che ci spetta e spero in questo libro di averti dato qualche strumento che possa supportare te e le tue richieste.

E poi, so che quando otteniamo qualcosa che per noi è importante, possiamo finalmente darci una bella pacca sulle spalle e riconoscere che sì: siamo state brave. E concederci di essere felicione.

Indice

Finito di stampare nel mese di aprile 2024
su carta HOLMEN BOOK CREAM
con fibra vergine proveniente da foreste sostenibili holmen.com/paper
presso Elcograf – Stabilimento Cles (TN)
Printed in Italy